그러니 너도 살아

문은설 에세이

†

피서사장
감성을 깨우는 도서출판

차 례

프롤로그 004
아들 요한이의 편지 006

제1부 긴 어둠의 터널

- 1장　걷던 날의 기억　012
- 2장　되돌릴 수 없는 침　014
- 3장　아버지의 눈물, 나의 상처　016
- 4장　꺼져버린 연탄불　022
- 5장　새가 되기를 꿈꾸던 소녀　026

제2부 어둠 속 한 줄기 빛

- 6장　다른 세상으로의 초대　032
- 7장　열 여덟 세상으로 내디딘 첫 걸음　034
- 8장　천만 원과도 바꿀 수 없는 기쁨　040
- 9장　꿈은 이루어 진다　044

제3부 사랑, 시험, 홀로서기

- 10장　선생님, 좋아요　066
- 11장　10년의 행복, 그리고 배신　076
- 12장　위대한 모성, 아이들은 자라고　083
- 13장　아들, 해병대에 가다　097

그러니 너도 살아

제4부 어머니, 나의 어머니

- 14장   어머니의 사랑,
  그 깊이를 헤아리며   102
- 15장   어머니를 간호하며   106
- 16장   아름다운 마지막 길   108

제5부 연단과 축복

- 17장   하나님이 행하신 일들   116
- 18장   하나님은 사람을 통해
  저를 안아주셨습니다   120
- 19장   시선 속에 서 있는 나, 주님의 품 안에서   128
- 20장   하나님이 주신 이름, 그리고 치유의 은혜   133
- 21장   신유의 은사와 아버지라 부르는 기도   138

에필로그   142
아들 요한이의 간증 기도   145
딸 은정이의 편지   154

저는 이 책을 통해 살아계신 하나님을 자랑하고 싶습니다.

제 이름은 문은설입니다.

세 살에 찾아온 소아마비는 제 걸음걸이를 뒤뚱거리게 만들었고, 낫게 해보려던 어른들의 안타까운 마음은 저를 전신마비의 나락으로 밀어 넣었습니다.

아버지의 술주정과 폭력은 제 어린 시절을 재와 눈물로 얼룩지게 했습니다. 사랑이라 믿었던 남편의 배신은 제 가슴을 산산이 조각냈습니다.

사람들은 제 삶을 보며 불행하고 기구하다고 말할지 모릅니다. 그러나 그 어둠 속에서 저는 한 줄기 빛을 보았습니다. 가장 어둡고 차가운 바닥에 엎드려 있을 때 비로소 제 곁을 단 한 순간도 떠나지 않으셨던 하나님의 따스한 손길을 느낄 수 있었습니다. 알고 보니 그 모든 고난의 한가운데에 하나님이 함께 계셨습니다. 꺾인 다리 대신 기도의 무릎을 주셨고 닫힌 세상 대신 하늘의 문을 열어 주셨습니다. 상처 입은 마음을 말씀으로 싸매주셨고 배신의 아픔 속에서 영원한 사랑을 가르쳐 주셨습니다.

이 모든 것을 깨닫게 된 후, 제 마음속에는 주체할 수 없는 감사가 샘솟기 시작했습니다. 이 감사를 저 혼자만 간직할 것이 아니라 모든 일을 행하신 분이 바로 하나님이심을 온 세상에 외치고 싶어졌습니다. 제가 겪은 아픔이 누군가에게는 위로가 되고 제 눈물이 다른 이의 눈물을 닦아주는 손수건이 되기를 소망하게 되었습니다.

한 사람이라도 이 책을 읽고 하나님을 알게 된다면 그것으로 족합니다. 백 사람이 이 책을 읽고 절망 속에서 희망을 발견한다면 제 삶에 주어진 가장 큰 영광일 것입니다. 제가 부끄러운 과거까지 모두 드러내며 이 책을 쓰는 유일한 이유입니다. 저의 삶을 통해 역사하시는 살아계신 하나님 그 위대한 사랑과 능력을 마음 다해 자랑하고 싶습니다.

세상에서 가장 존경하고 사랑하는 엄마에게

엄마, 나 요한이야.

먼저 엄마의 아들로 태어날 수 있음에 하나님께 정말 감사해.

건강한 아들로 잘 자랄 수 있도록 엄마의 몸, 마음보다 더 많은 관심과 사랑을 보내줘서 고마워.

엄마와 전화 통화는 자주 하지만 이렇게 편지를 쓸 기회는 많지 않았는데 엄마의 이야기를 책으로 출간한다고 해서 이렇게 좋은 기회 삼아 엄마에게 편지를 쓸 수 있음을 정말 감사해.

엄마가 처음 책 출간 이야기를 했을 때 엄마는 내 반응을 걱정했을지도 몰라. 하지만 나는 '드디어 엄마가 신요한, 신은정의 엄마로만 사는 것이 아니라 문은설이라는 한 사람으로 살아가는구나.' 하고 느꼈어. 그게 너무 기쁘고 행복했어. 마치 휠체어를 타던 엄마가 드디어 자유롭게 걸어 다니는 것처럼 엄마가 자유롭고 꿈을 이룬 것 같아 그 어떤 소식보다 기쁘고 행복했어.

엄마의 책을 처음 읽었을 때 내가 알지 못했던 이야기들이 너무 많았고 어떻게 그렇게 힘든 상황에서도 단 한 번의 원망 없이 오직 하나님 한 분만을 의지하며 당당하게 살아올 수 있었는지 놀라웠어. 그 글들을 읽을 때마다 엄마를 통해 하나님이 살아 계심을 깊이 느낄 수 있었어.

내가 전에 그런 말을 한 적 있잖아.
"하나님께서 나와 은정이를 엄마에게 보내신 건 우리를 가장 사랑해 줄 수 있는 분이 엄마였기 때문이고 불편한 엄마를 누구보다 사랑해 줄 수 있는 자식이 우리였기 때문"이라고.

엄마는 자주 '우리에게 못 해준 게 많아 미안하다, 불편한 엄마라서 미안하다. 함께 해줄 수 있는 게 많지 않아 미안하다. 내가 짐이 될까 미안하다.'고 말하잖아.

나는 엄마 덕분에 내 또래보다 더 많은 경험을 쌓을 수 있었고 은정이와 나는 더 많이 엄마가 필요했기에 누구보다 엄마와 시간을 많이 보낼 수 있었어. 남들은 평생 몇 번 할까 말까 한 '엄마를 업어드리는 일'을 나는 마음껏 행복하게 할 수 있어서 참 감사했어.

엄마를 웃게 한 날보다 속상하게 한 날이 더 많았던 못난 아들이지만 엄마는 나를 속상하게 한 날보다 행복하게 웃게 해준 날이 훨씬 더 많은 백 점짜리 엄마야.

이 책을 통해, 엄마의 삶을 통해 단 한 사람이라도 '사랑이 무엇인지 하나님이 어떤 분이신지'를 알게 된다면 그것만으로도 이 책의 가치는 충분할 거라 믿어.

돌아보니 에벤에셀, (하나님이 여기까지 도우셨다.)
내다보니 여호와 이레, (하나님께서 준비하시다.)
오늘을 살며 하나님과 임마누엘, (하나님이 우리와 함께하신다.)

우리는 우리 힘으로 살아온 줄 알았지만 하나님께서 여기까지 도우셨고 모든 일을 위해 기도하게 하셨으며 우리의 힘이 아닌 하나님께서 미리 준비해 주셨지. 돌아보면 우리 가족의 삶은 외로운 발걸음의 연속이 아니라 언제나 함께 걸어오신 하나님의 동행이었음을 지나온 길마다 남은 발자취 속에서 엄마와 나, 그리고 우리 가족 모두가 분명히 느낄 수 있어. 그래서 설교 말씀 속 세 가지 표현은 참으로 우리 가족의 삶 그 자체였던 것 같아.

엄마가 드디어 꿈을 이룰 수 있어서 정말 기쁘고 이번 책이 출발선이 되어 앞으로 엄마가 원하는 모든 일들을 다 해낼 수 있기를 기도해. 나도 더 노력하고 엄마를 위해 더 많이 기도할게.

나 자신보다 내 목숨보다 더 많이 사랑하는 이 세상 그 무엇과도 바꿀 수 없는 내 엄마라서 감사해. 오늘보다 더 행복하고 내일을 더욱 기대하며 살아가는 우리 가족이 됩시다. 사랑해요!

엄마, 책이 세상에 나오게 된 걸 진심으로 축하해.

2025년 9월 20일
엄마 아들 요한이가

긴 어둠의 터널

01

그러니 너도 살아

1장 걷던 날의 기억   012

2장 되돌릴 수 없는 침   014

3장 아버지의 눈물, 나의 상처   016

4장 꺼져버린 연탄불   022

5장 새가 되기를 꿈꾸던 소녀   026

1장 — 걷던 날의 기억

희미하지만, 제게도 걷던 날의 기억이 있습니다.

　세상 모든 것이 신기하고 즐거웠던 세 살 무렵, 저는 작은 두 발로 마당을 아장아장 걸어 다녔습니다. 흙의 감촉, 바람의 냄새, 햇살의 따스함이 온몸으로 느껴지던 평범하고도 행복한 나날이었습니다.

　하지만 행복은 오래가지 않았습니다. 어느 날부터인가 원인 모를 고열이 작은 몸을 펄펄 끓게 했습니다. 며칠 밤낮으로 이어진 열병 끝에 저는 간신히 살아났지만, 왼쪽 다리는 더 이상 예전처럼 움직이지 않았습니다.

의사는 '소아마비'라는 낯선 병명을 말했습니다. 그날 이후, 제 걸음은 뒤뚱거리는 불안한 몸짓이 되었습니다.

어머니는 그런 제 모습을 볼 때마다 가슴이 찢어지는 듯한 아픔을 느끼셨습니다. 뒤뚱거리며 걷다가 넘어지기라도 하는 날이면, 어머니의 눈에는 금세 눈물이 고였습니다. 어떻게든 어린 딸을 다시 예전처럼 걷게 해주고 싶다는 어머니의 간절함은 결국 돌이킬 수 없는 선택으로 이어졌습니다.

2장 ── 되돌릴 수 없는 침

"용하다는 침술원이 있다더구나. 거기 가면 네 다리를 고칠 수 있을지도 몰라."

지푸라기라도 잡고 싶은 심정이었을 겁니다. 어머니는 수소문 끝에 알아낸 침술원으로 저를 데려가셨습니다. 다시 걷게 될 수 있다는 희망에 부푼 어머니의 손을 잡고 들어선 침술원의 싸늘한 공기가 아직도 기억납니다. 그러나 그 희망은 곧 끔찍한 절망으로 바뀌었습니다.

침을 맞은 후, 제 몸은 걷잡을 수 없이 악화되었습니다.

침의 부작용으로 인해 그나마 멀쩡하던 오른쪽까지 마비가 오기 시작했고 곧 오른쪽 머리끝부터 발끝까지의 모든 감각이 사라져 버렸습니다. 제 의지로는 손가락 하나 까딱할 수 없는 완전한 전신마비 상태가 돼버린 겁니다.

저는 온전히 누워만 있는 아이가 되었습니다. 앉지도 기지도 못하고 걷는 것은 더더욱 불가능한 상태에서 차가운 방바닥에 놓인 생명 없는 인형처럼 천장만 바라보며 하루하루를 보냈습니다. 처음에는 아무것도 할 수 없었습니다. 몸은 내 것이 아닌 것처럼 느껴졌고, 움직이고 싶어도 전혀 움직일 수 없는 그 깊은 무력감과 절망은 말로 표현하기 어려울 정도였습니다. 그 시절, 저는 너무 어렸기에 이 고통의 의미조차 다 이해하지 못했습니다. 그저 숨 쉬는 것조차 버거운 하루하루를 견디며 제 유년기는 꺾인 날개와 함께 본격적인 어둠 속으로 가라앉고 있었습니다.

생각하건대 현재의 고난은 장차
우리에게 나타날 영광과 비교할 수 없도다

: 로마서 8장 18절

3장 ——

아버지의 눈물, 나의 상처

제가 누워만 있는 딸이 되어버리자 아버지께서는 술에 의지하기 시작하셨습니다. 처음에는 그저 속상한 마음에 한두 잔 기울이던 것이 어느새 매일 밤낮을 술에 기대어 살아가는 모습으로 변해갔습니다. 결국 아버지는 술 없이는 하루도 버틸 수 없는 알코올 중독에 가까운 상태가 되셨고 술에 취한 아버지의 분노와 좌절은 언제나 힘없는 제게로 향했습니다.

나중에야 알게 된 사실이지만 아버지의 어머니, 곧 저

의 친할머니께서도 다리가 불편한 장애인이셨다고 합니다. 아버지는 평생 장애인 어머니를 보며 살아오셨습니다. 그런 아버지에게 5남매 중 셋째딸이 갑자기 걷지도 못하고 누워만 있게 되었으니 딸의 존재는 너무도 큰 고통이었을 것입니다. 어쩌면 아버지는 제 모습에서 어린 시절 고통, 어머니의 힘겨웠던 삶, 그리고 앞으로 제가 감당해야 할 세상의 멸시와 차가운 시선을 미리 보셨는지도 모릅니다. 그래서였을까요. 아버지는 저를 세상에 남겨두고 싶지 않았던 것 같습니다. "차라리 내 손으로 죽이고 싶다."는 마음까지 드셨다고 하니 뒤틀린 사랑은 결국 폭력이라는 가장 비참한 방식으로 표현되고 말았습니다.

아버지의 폭력은 점점 무자비해졌습니다. 연탄집게로, 술병으로, 심지어 여름이면 윙윙 소리를 내며 돌아가던 선풍기까지 제게 던졌습니다. 머리채를 잡아 마당까지 질질 끌고 나가 바닥에 찍히듯 내리치던 날도 있었습니다. 머리를 찍혀 얼굴이 찢어지고 피가 흘러도 아버지의 손은 멈추지 않았습니다. 아버지가 집에 오는 소리만 들어도 숨고 싶어졌습니다. 저 멀리 골목 어귀에서 목소리가 가까워지면 걷지도 못하는 몸을 이끌고 마루 밑으로 기어들어가 숨었습니다. 하지만 아버지는 귀신같이 저를 찾아내 때렸습니다. 언니와 오빠, 동생이 학교와 직장에서 돌아오면 저는 언제나 피투성이가 된 채 방 한구석에 쓰러져 있었습니다. 그 모습을 보는 어머니의 가슴은 날마다 찢어졌습니다.

아버지는 술을 마시고 싶을 때면 엄마가 돈을 둔 장소를 제가 알고 있으리라 믿으셨습니다. "엄마가 돈 어디 뒀어! 빨리 말해!"라며 저를 다그쳤습니다. 저는 정말 몰랐는데도 아버지는 제가 말할 때까지 때리는 것을 멈추지 않았습니다. 억울함과 고통 속에서 저는 수없이 맞아야 했습니다.

하지만 육체적인 고통보다 더 깊은 상처는 마음에 남았습니다. 제가 아픈 이후, 아버지의 세상은 무너진 듯했습니다. 매일같이 술을 드시기 시작했고 점점 자신을 잃어갔습니다. 그 무너짐의 결과는 고스란히 제게로 향했습니다. 폭력은 습관이 되었고, 분노는 이유가 없어도 터졌습니다. 어린 저에게는 그 모든 시간이 공포였고 고통이었으며 무엇보다도 견딤 그 자체였습니다.

그러던 어느 날, 아버지가 돌아가셨습니다. 어머니가 저를 조용히 부르시더니 아버지가 눈을 감지 못하고 계시다며 "네가 아버지 눈을 감겨 드려야겠다."고 하셨습니다. 오래전 일이지만 그날의 장면은 지금도 생생하게 떠오릅니다.

저는 그저 멍하니 아버지만 바라보고 있었습니다. 이제 이 세상에서는 다시는 볼 수 없는 아버지인데도 이상하게 눈물이 나지 않았습니다. 아버지를 보고만 있을 뿐 저는 아무것도 할 수 없었습니다.

그때 어머니가 제게 말씀하셨습니다. "네게 잘못한 게 많아서 눈을 못 감으시는 것 같다. 네가 아버지 눈 감겨 드려라. 여기는 걱정하지 말고 좋은 곳으로 평안히 가시라고 몇 번이고 눈 감고 가소, 눈 감고 가소, 해도 눈을 감지 않는다." 그 모습을 지켜보던 저는 아버지를 향해 조심스럽게 속삭이듯 기도했습니다.

"아버지, 이제 아버지 미워하지 않아요. 아버지, 제가 다 용서했어요. 우리 하늘나라 가서 꼭 다시 만나요."

그리고 아버지의 눈을 살며시 감겨 드렸습니다. 기도를 마치고 눈을 떠보니 아버지는 정말로 눈을 감고 계셨고 그 얼굴은 마치 오랜 고통에서 벗어난 사람처럼 하얗고 평안해 보였습니다. 그때 저는 이미 교회를 다니고 있었습니다.

너희가 사람의 잘못을 용서하면
너희 하늘 아버지께서도 너희 과실을 용서하시려니와,
너희가 사람의 과실을 용서하지 아니하면
너희 아버지께서도 너희 과실을 용서하지 아니하시리라

; 마태복음 6:14

생전에 아버지께서 다리가 아프다고 주물러 달라고 하

실 때마다, 저는 아버지 영혼이 불쌍해서 몰래 울며 기도한 적이 많이 있었습니다.

그런데 정작 돌아가신 아버지를 앞에 두고는 이상하게도 눈물이 나지 않았습니다. 장례식이 끝나갈 즈음, 어머니께서 제게 조용히 말씀하셨습니다.

"억지로라도 한번 울어 드려라. 그래야 좋은 곳에 가시지 않겠니."

그래서 어머니 말씀대로 저는 억지로라도 한 번 소리를 내어 울었습니다. 그 눈물은 진짜는 아니었지만 아버지께 드리는 마지막 인사처럼 그렇게 울었습니다.

4장 — 꺼져버린 연탄불

산 밑에 자리한 작은 저희집은 지독하게 가난했습니다. 방 두 개와 거실 겸 마루가 전부인 집에서 겨울의 추위는 유독 혹독했습니다. 그 추위를 막아주는 유일한 온기는 연탄불이었습니다. 하지만 아버지는 외출하실 때마다 그 마지막 온기마저 꺼뜨리고 나가셨습니다.

물을 한가득 받아 활활 타오르는 부엌의 연탄불 위에 그대로 들이붓는 것입니다. '추워서 얼어 죽으라'는 무언의 저주와도 같았습니다. 꼼짝없이 누워만 있어야 하는 저는 저녁에 누군가 돌아올 때까지 뼛속까지 파고드는 한기 속에서 벌벌 떨어야 했습니다. 덮고 잘 이불 한 채 외에는 여분이 없었고 그마저도 장롱 위에 있어 혼자서는 내릴 수 없었습니다.

어떤 날은 엄마가 일하러 가면서 끓여놓은 찌개를 거실 바닥에 모조리 쏟아붓고 나가기도 했습니다. 집 안에 화장실이 없어 거실 끝에 놓인 요강을 사용해야 했는데 바닥에 흥건한 찌개를 지나갈 수 없어 하루 종일 화장실을 가지 못하고 허리가 끊어질 듯한 고통을 참아야 했습니다. 움직일 수도 도망칠 수도 없는 제게 그 모든 시간은 '살아내는 것'이 아니라 그저 '버티는 것'이었습니다. 아버지의 그림자는 제 유년기를 온통 뒤덮은 거대한 어둠이었습니다. 그 어둠 속에서 울지도 못하고 말하지도 못한 채 살아야 했습니다.

아버지는 작은언니에게 동네를 돌아다니며 담배꽁초를 주워 오라고 하셨습니다. 하루에도 몇 번씩 담배꽁초를 주워 와야 하는 언니. 그날은 날씨도 추웠고 이미 몇 번이고 다녀왔던 터라 가지 않으려고 했던 것 같았습니다. 아버지는 언니를 보내기 위해 연탄집게를 벌겋게 달궈서 겁을 주며 언니를 찌르려 했습니다.

언니는 "아버지, 아버지!" 하며 연탄집게를 피해 밖으로 나갔습니다. 그 화풀이는 결국 나에게 돌아왔습니다. 연탄집게에 맞아 얼굴과 팔이 피멍 들고 부어오른 모습을 일하고 돌아온 엄마가 보시고는 깜짝 놀라며 다 큰 나를 포대기를 싸서 업고 집을 나가셨습니다. 엄마의 등 뒤에서 따뜻한 온기를 느끼며 행복해하고 있는 나에게 엄마는 내게 이렇게 말씀하셨습니다.

"많이 무서웠지? 많이 아팠지? 엄마가 정말 미안해."

엄마의 그 말이 너무 따뜻했고 그 말을 해주는 엄마가 정말 고마웠기 때문에 저는 하나도 아프지 않았습니다. 한참을 업혀 간 곳은 외할머니댁이었습니다. 엄마도 외할머니 품에서 목놓아 한참을 울었습니다. 태어나서 엄마가 그렇게 많이 우는 모습을 그날 처음 본 것 같습니다.

지금도 말하고 싶습니다.

"엄마, 그날 나를 위로해 주셔서 정말 고마웠어요. 덕분에 제가 미워하는 마음 없이 잘 자란 것 같아요."

아버지의 학대와 가난, 그리고 지독한 외로움 속에서 저는 매일 죽음을 생각했습니다. 그럼에도 제 삶에 온기를 불어넣어 주신 분이 계셨으니, 바로 어머니셨습니다.

5장 ——

새가 되기를 꿈꾸던 소녀

밖에 나가지 못하는 제게 세상과 소통할 수 있는 유일한 창구는 라디오였습니다. 창밖의 바람 소리, 음악 소리, 사람들이 웃고 떠드는 소리… 그 모든 것은 마치 다른 세계 이야기처럼 멀게만 느껴졌습니다. 친구 하나 없이 방 안에 갇혀 지내던 어느 날, 문밖 마당의 나무 위를 자유롭게 날아다니는 새들이 눈에 들어왔습니다.

　이 나뭇가지에서 저 나뭇가지로, 지붕 위로, 또 저 멀리 하늘로 훨훨 날아가는 새들을 보며 저는 간절히 소망했습니다.

**'나도 저 새처럼 자유롭게 날고 싶다.
지금 이대로 죽어서 다시 태어난다면
저 새가 되고 싶다.'**

누워서 천장만 바라보는 제 모습이 너무나 초라하고 비참하게 느껴졌습니다. 무언가를 해 볼 수 있는 힘도 미래도 친구도 위로도 없었던 그 시절. 아버지의 폭력이 극에 달했던 날이면 저는 남몰래 자살을 시도하기도 했습니다.

집에는 커다란 빨간색 고무 대야가 있었습니다. 저는 그 안에 몸을 구겨 넣고 한쪽 팔에 내 몸을 지탱해 조금씩 아주 조금씩 몸을 움직였습니다. 목표는 집 앞의 작은 다리였습니다. 그 다리 밑으로 떨어지면 이 고통스러운 삶을 끝낼 수 있을 것만 같았습니다. 눈을 감고 더듬더듬 대야를 끌고 다리 난간까지 갔습니다. 하지만 막상 난간 끝에서 눈을 떴을 때, 차마 떨어질 용기가 나지 않았습니다. 혹시라도 죽지 않고 지금보다 더 심하게 다치면 어쩌나 하는 두려움이 엄습했습니다. 그렇게 두세 번을 망설이다 결국 대야를 돌려 집으로 돌아오고 말았습니다.

죽을 용기조차 없었던 저는 그저 방 안에 갇혀 세상과 단절된 채 어린 시절을 보내야만 했습니다. 동생이 학교에서 가져온 책을 들여다보는 것이 유일한 낙이었습니다. 동생이 "영희야 가자, 철수야 가자."하고 더듬더듬 책을 읽으면 저는 옆에서 그 글자 모양을 통째로 외웠습니다.

그렇게 한 글자, 두 글자씩 글을 익히며 저는 방 안에서 저만의 세상을 만들어 갔습니다. 친구 하나 없이 오직 언니와 동생의 친구들이 제 친구가 되어주었습니다. 하지만 그 친구들조차 자신들이 힘들고 외로울 때만 저를 찾았고 정작 제가 힘들 때는 아무도 곁에 없었습니다.

저는 철저히 혼자였습니다. 아무도 없는 잿더미 속에서 한 마리 새가 되기를 꿈꾸던 외로운 소녀였습니다.

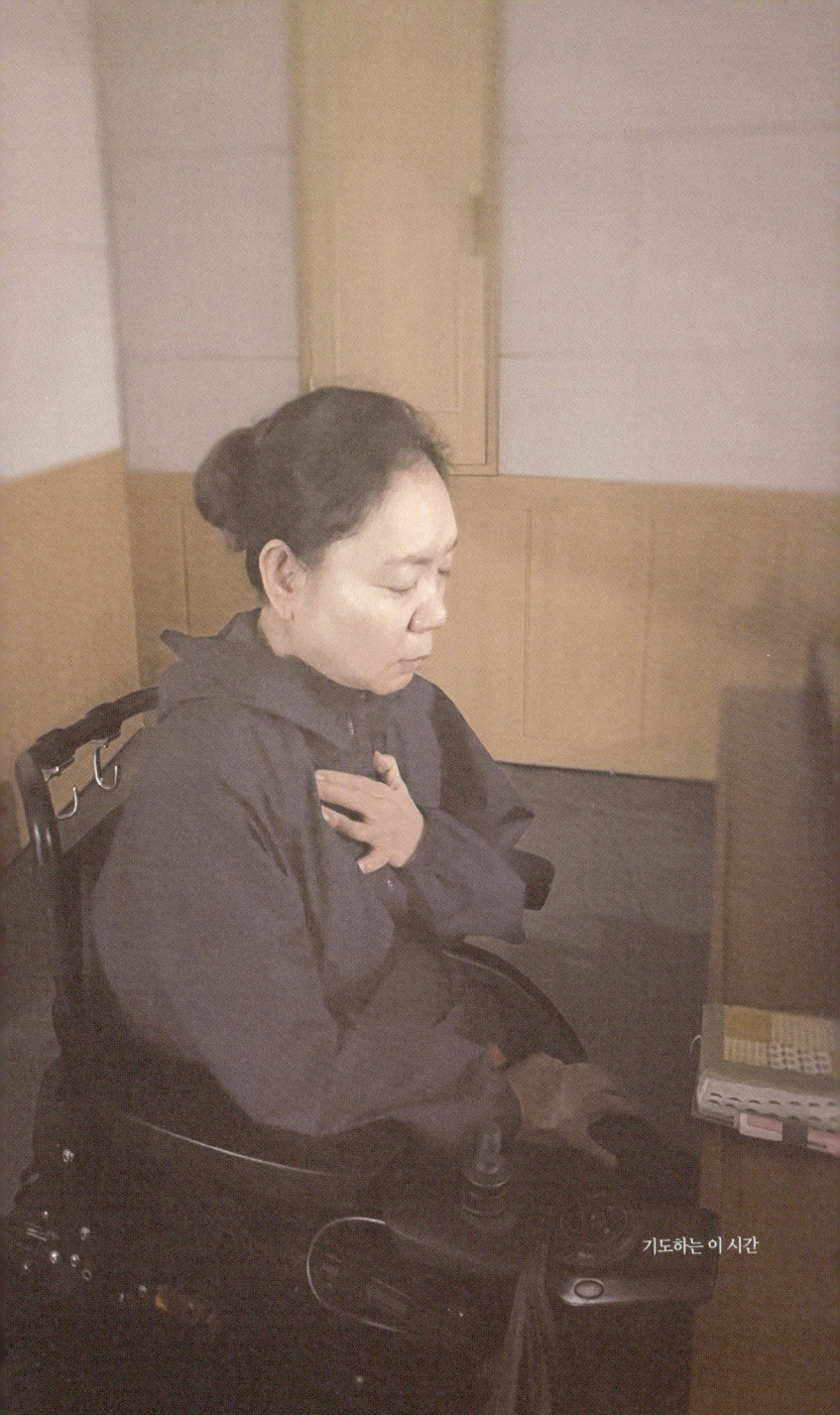

어둠 속 한 줄기 빛

02

그러니 너도 살아

6장 다른 세상으로의 초대   032

7장 열 여덟 세상으로 내디딘 첫 걸음   034

8장 천만 원과도 바꿀 수 없는 기쁨   040

9장 꿈은 이루어진다   044

6장 — 다른 세상으로의 초대

칠흑 같은 어둠 속에서도 빛은 스며들고 있었습니다. 제 삶의 빛은 '교회'라는 이름으로 다가왔습니다. 당시 저희 언니와 여동생은 이미 교회를 다니고 있었습니다. 저는 걷지 못하니 함께 갈 수 없었지만 주일 아침이면 분주하게 교회 갈 준비를 하는 그들의 모습을 물끄러미 바라보곤 했습니다.

평소에는 웃음기 없던 언니의 얼굴에 화사한 미소가 번졌고, "숙제하라."는 잔소리를 해도 꿈쩍 않던 동생이 스스로 책상에 앉아 숙제를 끝마쳤습니다. 그들을 그토록 즐겁게 만드는 교회는 도대체 어떤 곳일까, 제 마음속에는 동경과 호기심이 싹트기 시작했습니다.

'나도 저런 교회에 한번 가보고 싶다.'

그 마음이 너무나 간절해져 하나님이 누구인지도 모른 채 기도하기 시작했습니다. 예수님의 이름으로 기도하는 법도 몰랐지만, 그저 두 손을 모으고 눈물을 글썽이며 중얼거렸습니다.

"하나님, 저도 교회에 가게 해주시면 안 돼요?"

그것은 제 인생 최초의 기도이자 어둠 속에서 빛을 향해 내뻗은 간절한 외침이었습니다.

7장 ─

열여덟, 세상으로 내디딘 첫걸음

간절한 기도는 응답을 불러왔습니다. 어느 날, 라디오의 〈할머니 할아버지 안녕하세요〉라는 프로그램에서 한 뇌성마비 남학생의 사연을 듣게 되었습니다. 집에만 갇혀 지내며 친구가 없다는 그의 이야기가 남일 같지 않아 저는 방송국에 연락해 그의 전화번호를 받았습니다.

그 동생과 저는 금세 마음이 통하는 친구가 되었습니다. 그러던 어느 날, 동생이 제게 물었습니다.

"누나, 우리 교회 한번 와보지 않을래?"
저는 망설였습니다.

"동생아, 누나는 휠체어도 없고, 혼자서는 갈 수가 없어."
하지만 동생은 확신에 찬 목소리로 말했습니다.

"누나, 딱 한 번만 택시 타고 오면 그 다음부터는 우리 목사님이 누나를 태워주실 거야."
그 말에 용기를 얻어 작은 언니에게 부탁했습니다.

"언니야, 나 교회가 너무 가고 싶어. 나 택시 타고 동생네 교회에 데려다주면 안 될까?"

연년생이라 체격도 비슷한 언니였지만 언니는 군말 없이 저를 등에 업었습니다. 마을 가장 깊숙한 골짜기 집에서부터 큰길까지 언니는 땀을 뻘뻘 흘리며 저를 업고 나갔습니다. 언니의 등에 업혀 흔들리며 가던 그 길은 제 인생이 잿더미에서 벗어나 빛으로 나아가는 첫걸음이었습니다.

열 여덟 살, 그렇게 저는 처음으로 교회 문턱을 넘었습니다. 그곳에는 저를 편견 없이 맞아주는 훌륭한 목사님과 따뜻한 교인들이 있었습니다. 생전 처음으로 제 또래의 남자친구, 여자친구도 생겼습니다. 방 안에 갇혀 있던 제게 교회는 새로운 세상이자 살아갈 이유를 가르쳐 준 희망의 공간이었습니다.

처음 참석한 예배는 주일 오전 예배였습니다. 예배당은 따뜻한 온기가 감도는 곳이었고 모두가 바닥에 방석을 깔고 앉아 예배를 드리고 있었습니다. 아직 교회 예배가 낯설기만 했던 저는 조심스럽게 한켠에 자리를 잡았습니다. 그때, 찬송가 한 곡이 흘러나왔습니다.

"예수 앞에 나오면 죄사함 받으며 주의 품에 안기어 편히 쉬리라. 우리 주만 믿으면 모두 구원 얻으며 영생복락 면류관 확실히 받겠네." 처음 듣는 찬송이었는데, 가사를 온전히 따라 읽을 수도 없었고 멜로디조차 낯설었지만 이상하게도 눈물이 주르르 흘러내렸습니다. 찬송가의 가사가 제 마음을 파고들었고 그 어떤 설명도 없이 그저 마음

깊숙한 곳이 울리는 듯한 느낌이었습니다. 나 이제 살았다. 하나님이 정말 내 기도를 들으셨구나. 믿어지지 않았습니다. 늘 방 안에 갇혀 지내며 죽고 싶던 나, 어디에도 갈 수 없던 내가 하나님의 이름이 노래로 불려지는 이렇게 좋은 자리에 나와 있다는 사실이 너무 믿기지 않을 만큼 감사했습니다.

그날 저녁 7시 예배까지 참석하고 나니 목사님께서 다가오셔서 "내가 집까지 데려다줄게." 하시며 직접 저를 업으시더니 차에 태워 집까지 데려다주셨습니다. 그리고 놀랍게도 다음 주일 아침이 되자 목사님께서 저를 데리러 오셨습니다. 그날 이후로 몇 년 동안 목사님은 매주 저를 직접 업고 교회로 데려오고 예배가 끝난 후에는 다시 집까지 데려다주셨습니다.

어느 날, 교회의 한 집사님이 목사님께 "목사님, 문 선생은 이제 저희가 데리러 가고 데려다 줄게요." 그러자 목사님은 단호하게 말씀하셨습니다. "아니다. 은설이는 내가 직접 할 테니 신경 쓰지 마."

목사님의 그 사랑은 단지 말로만 하는 것이 아니었습니다. 목사님은 기도원이나 서울에서 열리는 집회에 가실 때마다 늘 저를 함께 데리고 다니셨고 말씀을 전하시기 전에는 항상 저에게 "은설아 너는 나를 위해 기도해 줄래?" 하시며 부탁하셨습니다.

목사님의 아내인 사모님 역시 기도의 사람이셨습니다. 사모님께서 기도하실 때면 청년들이 하나둘씩 그 곁에 모여 함께 기도했는데 그 따뜻하고 진지한 분위기 속에서 저도 마음을 열고 하나님께 나아갈 수 있었습니다.

지금 생각해 보면, 저는 아버지에게 받지 못한 사랑을 하나님께서 목사님과 사모님을 통해 대신 느끼게 해주신 것 같습니다. 그 사랑은 억지로 주어진 것이 아니라 포근하고 편안한 저절로 웃음이 나는 그런 사랑이었습니다. 처음 교회에 나갔을 땐 신앙이 있어서가 아니었습니다. 목사님과 사모님, 그리고 좋은 친구들이 있어서 그들과 함께 있는 시간이 기다려졌고 그 만남 속에서 하나님을 조금씩, 천천히 알아가게 되었습니다.

네 원수가 넘어질 때에 즐거워하지 말며
그가 엎드러질 때에 마음에 기뻐하지 말라

: 잠언 24:17

8장 ──

천만 원과도 바꿀 수 없는 기쁨

교회에 나간 지 6개월쯤 되었을 때, 여름 수련회에 참석하게 되었습니다. 그곳에서 저는 제 삶을 온전히 뒤바꾸는 놀라운 경험을 했습니다. 뜨겁게 찬양하고 기도하던 중, 제 입에서 저도 모르는 말이 터져 나온 것입니다. 바로 '방언'이었습니다.

방언을 받은 후 목사님께서 제게 말씀하셨습니다. "이제부터는 더 자주 기도해야 해. 그래야 방언이 계속 이어지고 더 깊은 기도를 할 수 있어." 그날 이후 목사님은 주일 뿐 아니라 매주 토요일에도 저를 교회에 데려다주셨습니다. 그렇게 매주 토요일마다 교회에서 보내는 시간이 시작됐습니다. 교회에 도착하면 자연스레 성경을 읽었습니다. 글을 또박또박 읽는 데 시간이 걸렸지만 성경책을 펼치는 것 자체가 기쁨이었고 그 말씀 한줄 한줄이 내 삶에 새겨지는 듯한 감동을 안겨주었습니다.

저녁이 되면 기도하는 시간이 이어졌습니다. 처음엔 서툴고 짧았던 기도가 점점 깊어지고 길어졌습니다. 기도 중에는 눈물이 흐르기도 했고 가슴 깊은 곳에서 말로 표현할 수 없는 기쁨이 솟아오르기도 했습니다.

매주 토요일과 주일, 교회에서 보낸 그 시간들은 제 신앙을 조용히 자라나게 했습니다. 눈에 띄는 변화는 아니었지만 그때마다 하나님은 제 마음 깊은 곳을 만져주셨고 믿음의 뿌리를 내리게 한 귀한 시간이었습니다. 저를 위해 그렇게 주말마다 시간을 내주신 목사님의 헌신은 제 신앙의 뿌리를 깊고도 단단하게 만들어 주었습니다.

주말을 교회에서 보내는 시간은 아버지를 벗어날 수 있는 유일한 가장 행복한 시간이었습니다. 감사하게도 그때부터 제 신앙은 마치 불붙은 나무처럼 활활 타올랐습니다. 몸은 여전히 약했지만 마음은 더 이상 쉽게 무너지지 않았습니다. 하나님을 향한 갈망과 감사가 제 삶의 중심이 되어갔습니다.

하나님을 알기 전, 아버지가 때리면 아프고 죽고 싶다는 생각뿐이었습니다. 하지만 하나님을 알고 나니 같은 고통 속에서도 제 마음에는 설명할 수 없는 평안이 흘렀습니다. 어느 날 기도 중에 이런 질문이 마음 깊은 곳에서 들려왔습니다.

'너, 지금 정말 기쁘냐?'
'네, 하나님. 정말 기쁩니다.'
'그럼 천만 원을 준다면 그 기쁨과 바꿀 수 있겠느냐?'

천 원짜리 한 장 없던 가난한 저였지만 저는 망설임 없이 고개를 저었습니다.

'아니요, 저는 천만 원을 줘도
이 기쁨과 바꾸지 않겠습니다.'

한 치의 거짓도 없는 진심이었습니다. 세상이 줄 수 없는 기쁨, 오직 하나님만이 주실 수 있는 평안을 경험한 후 제 신앙은 이전보다 더욱 깊어졌습니다. 얼마 지나지 않아 저는 개척교회의 중고등부 교사로 섬기게 되었습니다.

너희는 그 은혜에 의하여 믿음으로 말미암아
구원을 받았으니 이것은
너희에게서 난 것이 아니요 하나님의 선물이라

; 에베소서 2:8

9장 — 꿈은 이루어 진다

교회에 다니기 시작하면서 교회에서 만난 친구들을 보며 마음속에 작은 꿈이 생겼습니다. 저도 공부를 해보고 싶다는 소망이 생긴 것이죠. 하지만 그 당시 저는 혼자 외출조차 할 수 없었기에 학원에 다니며 공부한다는 건 꿈같은 일이었습니다. 그래도 소망을 품고 하나님께 계속 기도했습니다. 기도 외에는 제가 할 수 있는 게 없었습니다.

그러던 어느 날, 23살 무렵에 어느 장로님을 만나게 되었습니다. 장로님은 서적을 운영하며 평소에 장애인들을 많이 도와주시던 분이셨습니다. 장로님께서 저를 보시더니 조심스럽게 말씀하셨습니다. "여수애양병원에서 못 걷는 장애인들이 수술을 받고 걷게 되는 경우가 많아. 너도 수술을 받아보지 않겠니? 수술비는 내가 낼 테니까 한 번 해보자." 저는 그 말이 믿기지 않았습니다. 너무 걷고 싶었고 그동안 기도해 왔던 내용이었기 때문에 하나님께서 내 기도를 들으셨다는 마음에 눈물이 났습니다. 감사한 마음으로 수술을 받겠다고 했고, 장로님께서 병원 예약을 해 주셨습니다.

2년 동안 수술을 위해 많은 기도를 했습니다. 그렇게 기다린 끝에 마침내 수술받을 기회가 왔습니다. 기다리던 수술이었지만 그만큼 두려운 마음도 있었습니다. 기도하던 중 하나님께서 목발을 짚고 계단을 오르는 저의 모습을 보여주셨습니다. 그 순간 두려움이 사라지고 평안한 마음이 들었습니다. 오히려 수술을 받을 수 있다는 사실만으로 설렘과 기쁨이 밀려왔습니다.

저는 오른쪽 전신마비로 앉을 수 없었습니다. 앉기 위

해서는 일정한 자세를 유지해야 했고 그로 인해 무릎과 발목이 많이 돌아가 있는 상태였습니다. 발목은 완전히 기역자 형태로 되어 있었습니다. 신발과 보조기 착용을 위해서는 돌아간 발목과 무릎을 반듯하게 바로 잡는 수술을 받아야 했습니다.

소아마비로 걷지 못하는 왼쪽 다리는 무릎 두 군데와 발목 두 군데를 수술하고, 고정을 위해 40cm 길이의 철심을 박아야 했습니다. 전신마비가 온 오른쪽 다리는 무릎 두 군데와 완전히 돌아간 발목을 고정하기 위해 세 군데의 수술을 받아야 했고 발등에는 왼쪽과 동일하게 40cm 길이의 철심을 박아야 했습니다.

수술 후 집으로 돌아와 100일 동안은 전기가 흐르는 듯한 찌릿찌릿한 느낌이 계속되어 잠을 제대로 잘 수 없었습니다. 가족들의 도움으로 대소변을 해결했지만 그래도 저는 희망을 잃지 않았습니다. 100일이 지나고 깁스를 풀고 나면 26년 만에 두 발로 걸을 수 있다는 소망이 있었기 때문에 모든 아픔을 참을 수 있었습니다.

다리 수술 후 목발을 짚기 위해 전신마비로 힘이 전혀 없는 오른쪽 팔 수술도 받아야 했습니다. 팔의 뒤쪽에는 약간의 힘이 남아 있었지만 앞쪽에는 힘을 쓸 수 없었기 때문입니다. 그래서 뒤에 남아 있는 힘을 앞으로 끌어와서 앞쪽에서 힘을 쓸 수 있도록 수술을 받아야 했지요. 목발을 짚었을 때 앞으로 갈 수 있어야 했기 때문입니다.

그렇게 힘든 수술과 물리치료를 받았지만 결과는 내가 예상한 것과 달랐습니다. 다리와 어깨 수술을 했음에도 불구하고 저는 여전히 목발을 짚고 일어설 수 없었습니다. 의사 선생님께서 이렇게 말씀하셨습니다. "허리 수술까지 해야 할 것 같아요. 허리에 힘이 부족해서 목발을 짚고도 걷지 못할 수도 있습니다." 그 말을 듣고 저는 큰 충격을 받았습니다. 허리 수술은 큰 수술이었고 수술 후에는 몇 달을 엎드려 지내야 한다고 했습니다. 게다가 수술비도 너무 많아 저에겐 현실적으로 감당하기 힘든 상황이었고 걱정과 고민 가득한 시간을 보냈습니다.

그렇게 얼마쯤 지났을 때였습니다. 병원 병실 안에 설

치되어 있던 환자들이 잡고 일어설 수 있도록 만들어진 철봉이 눈에 들어왔고 '저걸 잡고 연습해봐'라는 마음을 하나님께서 주셨습니다.

큰 언니에게 부탁해서 휠체어를 타고 그 기구 앞으로 갔습니다. 언니의 도움을 받아 양손으로 봉을 잡고 보조기를 착용한 채 일어서는 연습을 해봤습니다. 허리가 펴지고 왔다 갔다 몇 번을 반복하며 서 있는 연습을 했습니다.

그때 문득, 언니에게 말했습니다. "언니, 목발 좀 갖다 줘." 그렇게 목발을 짚고 한 걸음 내디뎠습니다. 그런데 정말 믿기지 않게 제가 스스로 걸을 수 있게 된 것입니다. 1992년 8월 15일. 제게는 절대 잊을 수 없는 날입니다. 다음날, 저는 물리치료실 문을 걸어서 들어갔습니다.

물리치료실 선생님은 그동안 계속 치료를 받았지만 한 번도 제대로 걸을 수 없어서 많이 안타까워하셨는데 혼자 목발을 짚고 걸어서 물리치료실에 들어가는 제 모습을 보시고는 "이게 어떻게 된 일이냐?"며 깜짝 놀라셨고, 나만큼 기뻐해 주셨습니다. 선생님은 그 사실을 의사 선생님께 전했고 의사 선생님도 정말 잘 되었다며 함께 기뻐해 주셨습니다. 그때 느꼈던 감동은 말로 다 표현할 수 없을 정도였습니다.

이 모든 일이 내 힘이나 우연이 아니라 하나님께서 걷게 하셨다는 확신이 들었습니다. 수술은 더 이상 하지 않아도 되었습니다. 허리 수술 없이 하나님이 주신 그 마음을 따라 움직였더니 걸을 수 있게 된 것입니다. 그렇게 저는 목발을 짚고 혼자 외출할 수 있게 되었고 그토록 기도했던 꿈인 공부를 해보고 싶다는 소망을 이룰 수 있게 되었습니다. 혼자 힘으로 학원을 다니고 검정고시를 준비할 수 있는 길이 열린 것입니다.

검정고시 학원을 등록해 초등학교 과정을 공부하기 시작했습니다. 하지만 쉽지 않았습니다. 집에서 학원까지의 거리는 멀었고 택시도 잘 오지 않았습니다. 어떤 날은 윗동네까지 걸어 올라가 택시를 잡기도 했고, 교회 동생 제

철이는 퇴근 후 오토바이를 타고 와서 저를 학원에 데려다 주고 수업이 끝날 때쯤 다시 데리러 오기도 했습니다. 교회 차를 빌려 저를 태워주는 이들도 있었습니다.

수학의 '수'자도, 음악의 '음'자도 몰랐던 제게는 모든 과목이 도전이었습니다. 그러나 제가 넘어지지 않을 수 있었던 이유는 함께 해준 교회 청년들이 있었기 때문이었습니다. 바쁜 시간을 쪼개어 밤늦게까지 저를 도와주었고, 어떤 날은 한 문제를 이해하지 못해 여러 번 반복해 물어보아도 한 번도 짜증을 내지 않았습니다. 오히려 "누나, 내가 좀 더 쉽게 설명해볼게요."라며 끝까지 저와 함께 문제를 붙잡고 씨름해 주었습니다.

그들의 사랑과 헌신이 없었다면 저는 끝까지 갈 수 없었을 것입니다. 그들은 단지 공부를 도와준 것이 아니라 제 삶을 지탱해 주는 하나님의 손길이었습니다.

이후 결혼과 출산을 통해 삶의 형태는 달라졌지만 배움에 대한 열망은 계속 이어졌습니다. 그러던 중, 혼자의 힘으로 아이들을 키워야 했던 저는 육아에 지쳐 몸도 마음도 의욕이 상실되기 시작되었습니다. 그런 저를 곁에서 지켜보던 지인 한 분이 조심스럽게 말했습니다. "한번 상담을 받아보는 건 어때요? 내가 아는 정신과 선생님이 계신데 좋은 분이에요." 용기를 내어 병원을 찾아갔고, 상담을 받게 되었습니다. 의사 선생님께서 말씀하시기를,

"이렇게 아프고 힘든 건 우울증 때문이에요."
그 말을 듣고 저는 의아한 마음에 여쭈어봤습니다.

"선생님, 제가 왜 우울증이에요?"
그러자 선생님은 조용히 그러나 단호하게 말씀하셨습니다.

"무슨 말씀이세요. 나였어도 우울증 걸렸을 거예요."
그 말이 참 오래 기억에 남았습니다. 선생님은 약을 꼭 먹어야 한다며 여러 가지 약을 처방해 주셨습니다.

병원을 다녀와서 아이들을 바라보는데 마음이 더 무너

졌습니다.

'이 부족한 나 말고는, 이 아이들을 지켜줄 사람이 아무도 없는데. 내가 무너지면 이 아이들은 어떻게 하지?'
그제야 제 마음 깊숙한 상처와 아픔을 조금은 이해하게 됐습니다. 그래서 하나님께 기도했습니다.

'하나님, 저 우울증이래요. 약을 먹으니 자꾸 잠이 오고 몸에 힘이 없고 의욕도 사라져요. 저는 해야 할 일이 너무 많아요. 아이들 학교 보내고 밥도 챙기고 씻기고 빨래하고 숙제도 봐줘야 하는데 약을 먹으니 그게 안 돼요. 하나님, 저를 치료해 주세요.'

그렇게 약을 끊고 저는 더 간절히 기도하기 시작했습니다. 더 말씀을 붙잡고 찬양을 부르며 하나님 앞에 엎드렸습니다. 그때 하나님께서 저를 붙잡아 주셨습니다. 하나님의 은혜로 조금씩 회복되던 중 저는 고등학교 과정을 도전하게 되었고 결국 합격할 수 있었습니다. 그 합격은 제게 너무나 큰 기쁨이었습니다. 초등학교나 중학교 과정 때보다 훨씬 더 크고 깊은 감격이었습니다. 그 합격은 단순한 학력의 통과가 아니라 절망을 딛고 다시 일어난 '하나님의 기적' 같았기 때문입니다.

저는 또 다른 목표를 가지게 되었습니다. 바로 운전면허증을 취득한 일이었습니다. 휠체어를 타고 있던 제게 운전은 하나의 장벽처럼 보였지만 그런 저에게도 운전면허를 취득할 기회가 생겼습니다. 마침 운전면허학원이 집과 멀지 않아 휠체어로 갈 수 있는 곳이었고 저는 운전을 배우겠다고 결심한 뒤 학원에 직접 찾아가서 면허를 따고 싶다고 말씀드렸습니다. 그러자 사장님께서는 "배우셔야죠. 면허증을 따실 수 있도록 우리가 도와드리겠습니다."라고 하시며 매우 따뜻하게 응대해 주셨습니다.

학원에 계단만 있던 상황이었지만 사장님은 경사로를 설치해 주셨고 사장님께서 미리 기사님들에게 잘 말씀을 해 주셔서 운전 교육을 맡은 기사님들도 모두 친절하게 대해 주셨습니다. 업히는 제가 미안해 할까봐 괜히 "와~, 와 이리 날씬합니까? 마이 드셔야겠다!"라고 하시며 차에까지 저를 업어주셨고 교육이 끝난 후에는 휠체어로 다시 업어주시는 수고를 아끼지 않으셨습니다.

  도로 연습했던 날이 지금도 생생하게 기억납니다. 휠체어를 타고 길을 다닐 때 종종 사람들은 저를 보며 "앉아서 다녀서 편하겠다."라고 말하곤 했습니다. 하지만 그분들은 잘 모릅니다. 휠체어는 생각보다 불편하고 때로는 아픕니다. 덜컹거리는 길 위에서는 온몸으로 그 충격을 고스란히 받아야 하고 겨울에는 몇 분만 바깥에 있어도 뼛속까지 추워십니다. 여름엔 또 얼마나 더운지요. 햇빛을 그대로 받아내야 하니까요. 비 오는 날엔 우산을 써도 소용이 없습니다. 전동휠체어를 타다 보니 한 손으로 우산을 들고 운전하기가 쉽지 않고 바람이라도 불면 우산은 금세 휘어지고 비를 그대로 맞게 됩니다. 결국 비를 온몸으로 맞으며 이동해야 하는 날도 많았습니다. 그중에서도 속도는 늘 제 발목을 잡았습니다. 마음은 급한데 휠체어는 그 마음을 따라주지 못하니까요. 늘 휠체어만 타고 다니던 길을 도로 연수하며 차로 그 길을 지나가게 되었습니다. 차를 타고 가니 참 따뜻하고 편하고 빨리 갈 수 있어서 좋다는 것을 그날 처음으로 느꼈습니다.

장애인 친구들 중에도 자가용을 타고 다니는 이들이 있었는데 매일 이렇게 다니는구나 생각이 들면서 부럽기도 했습니다. 나는 운전은 절대 못 할 줄 알았는데, 운전을 배우고 있는 나를 보면서 말할 수 없는 기쁜 마음이 들기도 했습니다.

저는 꼭 면허증을 따고 싶다는 마음으로 열심히 열심히 연습했습니다. 운전 연습을 도와주시는 기사님들은 늘 저를 격려해 주셨습니다. 처음 해보는 운전이라 조금 서툴었지만 기사님들은 "대학생들보다 더 잘한다, 정말 잘한다!"라며 끊임없이 칭찬과 격려를 해주셨습니다. 따뜻한 말 한마디 한마디가 큰 힘이 되었습니다. 그 덕분에 저는 필기시험을 두 번 만에, 실기시험은 한 번 만에 합격할 수 있었습니다.

면허증을 받고 난 후, 그동안 저를 도와주신 사장님과 기사님들께 감사의 마음을 전하고 싶어서 빵을 사갔습니다. 그런데 사장님은 "본인이 잘해서 면허를 땄는데 빵을 왜 사왔냐?"고 웃으며 말씀하시면서도 잘 먹겠다 하시고는 "이제는 차로 못 가본 곳들을 많이 다니세요."라고 격려의 말씀을 해 주셨습니다.

저에게 운전면허증은 단순히 하나의 자격증이나 운전을 하기 위한 도구 그 이상이었습니다. 대학 졸업장보다도 더 귀한 의미가 있는 자격증이었습니다. 운전면허증을 취득한 것은 저의 노력뿐만 아니라 하나님께서 만남의 복을 주시고 지혜를 주셔서 이루어진 일이었습니다. 그래서 그 모든 것에 대해 감사한 마음이 넘칩니다.

지금은 형편상 차를 구입할 수 없지만 언젠가 꼭 차를 구입해서 사장님과 기사님들께서 해주신 말씀처럼 차를 타고 못 가본 곳들을 여행하며 살아보고 싶습니다. 그동안 나를 많이 업어주고 도와준 아들과 딸에게도 이제는 내가 차를 태워주고 싶습니다. 아멘.

면허증을 취득할 수 있도록 도와주신 분들의 도움과 사

랑을 저는 지금도 제 마음에 소중하게 간직하고 있습니다. 신분증을 확인할 때가 있는데 그때마다 저는 꼭 운전면허증을 내밀곤 합니다. 그럴 때마다 기분이 정말 좋습니다. 저에게 공부란 단순히 지식을 쌓는 일이 아니었고 운전 면허를 취득한 것도 단지 운전을 하기 위해서만 한 일이 아니었습니다. "나도 할 수 있다."는 자신감을 되찾는 과정이었고 무엇보다 아이들에게 부끄럽지 않은 엄마가 되겠다는 간절한 마음의 표현이었습니다.

딸 은정이가 초등학교 1학년이던 해, 저는 방송통신대학교 교육학과에 입학했습니다. 아픈 경험을 가진 사람들의 마음을 따뜻하게 어루만져 줄 수 있는 상담사가 되고 싶은 마음도 생겼습니다. 그 시절, 어린 딸 은정이는 스스로 버스를 타고 간식을 들고 학교로 찾아오기도 했고 제 옆에 앉아 조용히 자기 숙제를 하며 함께 공부하기도 했습니다. 비록 건강이 악화되어 3학년 1학기까지만 다니고 학업을 중단해야 했지만 배움에 대한 갈망은 제 삶을 붙들어 주는 또 하나의 기둥이 되었습니다. 지금은 다시 대구사이버대학교 심리상담학과에 입학해 여전히 배우고 자라고 있는 중입니다.

저는 원래 모자를 참 좋아했습니다. 특히 TV 드라마 〈동백꽃 필 무렵〉에서 공효진 씨가 쓰고 나온 모자는 내가 좋아하는 스타일과 색깔이라 눈을 뗄 수 없었습니다. 그 모자를 갖고 싶어 인터넷 검색도 해보고 뜨개방에도 찾아가서 살 수 있는지 물어봤지만 결국 구하지 못했습니다.

어느 날, 한 뜨개방에서 그 모자를 판다는 소식을 듣고 달려갔습니다. 하지만 가격을 보고 너무 놀랬습니다. "헉, 왜 이렇게 비싸요?"하고 물으니 사장님은 웃으며 말씀하셨습니다. "원래 핸드메이드는 비싸요. 실 가격에 2~3배는 받아요." 결국 구입하지 못하고 돌아설 수밖에 없었습니다. 솔직히 시장에서 핸드메이드 모자 하나 선뜻 사지 못하는 내 자신이 속상했습니다. 이후로도 공효진씨가 썼던 그 모자는 내 머리와 마음에서 좀처럼 떠나지 않았습니다.

한쪽 팔만 사용하는 나에게 '내가 한번 떠 볼까?' 하는 마음이 들었습니다. 그래서 다시 뜨개방을 찾아가 사장님께 여쭈어봤습니다.

 "제가 오른팔에 힘이 없어서 왼손으로 떠야 하는데요. 대바늘은 양손을 써야 하니까 어려울 것 같고… 코바늘로 배우고 싶은데 혹시 가능할까요?" 사장님은 "오른손으로만 수업을 해왔고 왼손으로는 가르쳐 본 적이 없어서 어렵겠다."고 하셨습니다. 실망스러웠지만, '아니야, 왼손으로도 가르쳐 줄 수 있는 분이 분명 있을 거야.'하는 마음으로 여러 뜨개방을 다녔습니다. 하지만 끝내 그런 선생님을 찾을 수 없었습니다.

 그러던 중 문득, "내게 능력 주시는 자 안에서 내가 모든 것을 할 수 있느니라."는 말씀이 떠올랐습니다. "아멘, 아멘"하며 지혜를 달라고 기도하기 시작했습니다. 그리고 나도 할 수 있을 것 같은 용기가 생겼습니다.

 코바늘과 실을 구입하고 모자 뜨기에 도전했습니다. 모자는 머리 밑판은 코를 늘려가며 떠야 하고 중간은 늘림 없이 창 부분은 다시 다른 방식으로 늘림을 해야 창이 생기며 모양이 완성됩니다. 첫 작품이라 누가 봐도 예쁘거나 잘 뜬 모자는 아니었지만 저는 제가 직접 만든 모자를 보며 너무나 기뻤습니다.

첫째, 오른손을 못 쓰는 상황에서도 이 손으로 할 수 있게 해주신 하나님의 은혜에 감사했고 둘째, 누구에게도 기법을 배우지 않았는데도 하나님께서 지혜를 주셔서 스스로 배울 수 있었다는 사실이 너무 감격스러웠습니다. 정말 하나님께서 능력을 주셨다고밖에는 설명할 수 없는 일이었지요. 이제는 모자, 목도리, 가방, 수세미, 키링, 마스크도 잘 뜹니다. 얼마 전에는 조카 예지, 현태네 강아지 '룽지'를 위해 귀여운 목걸이도 떠서 선물해 줬습니다. 사람들이 "아니, 그 손으로 어떻게 뜨개질해요?"하고 물으면 저는 당당하게 말합니다.

"하나님께서 하게 해 주셨어요."

그건 정말 진실이고 리얼이니까요. 지금은 제가 직접 만든 모자를 쓰고 뜨개방에 실을 사러 가면 사장님이 "그 모자 나한테 팔지 않을래요?" 하고 물어보시기도 하고 어떤 분들은 "그 기법 뭐예요?", "사진 하나만 찍으면 안 돼요?" 하시며 묻기도 합니다.

얼마 전엔 아는 언니가 울상인 얼굴로 저를 찾아왔습니다. "이사 도와주러 언니가 왔는데 네가 떠준 그 모자를 보고 '이거 뭐야? 나 줘' 하더니 그냥 쓰고 갔어…… 뜨개방이랑 모자 파는데 다 다녀 보았지만 이 모양이 없어서 미안한데 똑같이 다시 떠주면 안 될까?" 그래서 그 언니를 위해 똑같은 모자를 다시 떠준 적도 있습니다.

실을 구입하려고 여러 뜨개방을 돌아다녀도 하나님께서 가르쳐주신 이 모양은 어디에도 없습니다. 유튜브를 아무리 찾아도 단 한 번도 본 적이 없습니다. 제가 만든 모자를 누군가에게 선물할 때는 꼭 이렇게 말합니다. "이건 명품이에요. 세상에 하나밖에 없는 거예요." 그러면 다들 정말 좋아합니다.

혹시 이 글을 왼손만 사용할 수 있는 분이 보시고 '나도 배우고 싶다' 하신다면 저는 정말 기꺼이 가르쳐 드리고 싶습니다. 단순히 기술만이 아니라 '할 수 있다'는 기쁨과 자신감, 그 안에 함께하시는 하나님의 능력도 꼭 전해드리고 싶습니다. 우리 하나님은 능력 주시는 분이시고 우리가 무엇이든 할 수 있게 해주십니다. 아멘.

하나님은 저를 포기하지 않으셨습니다. 단 한 번도 제가 혼자였던 적은 없었습니다. 누군가의 헌신, 도움, 기도와 사랑을 통해 하나님은 지금도 저의 삶을 이끌어가고 계십니다.

구하라, 그러면 너희에게 주실 것이요,
찾으라 그러면 찾을 것이요,
문을 두드리라 그러면 너희에게 열릴 것이니
구하는 이마다 얻을 것이요,
찾는 이가 찾을 것이요,
두드리는 이에게 열릴 것이니라

; 마태복음 7:7-8

제주도 여행 중

사랑, 시험, 홀로서기

03

그러니 너도 살아

10장 **선생님, 좋아요**　066

11장 **10년의 행복, 그리고 배신**　076

12장 **위대한 모성, 아이들은 자라고**　083

13장 **아들, 해병대에 가다**　097

10장 — 선생님, 좋아요

제가 중고등부 교사로 섬길 때, 한 남학생이 제 삶에 들어왔습니다. 네 살 어린 그 학생은 훗날 제 남편이 될 사람이었습니다. 그는 저를 처음 본 날부터 "선생님 좋아요."라며 저를 따랐습니다. 다니던 교회는 항상 계단을 오르내려야 했는데 그는 언제나 저를 업어주곤 했습니다. 다른 친구들이 업으려고 하면 "선생님은 내가 업을 거야."라며 아무도 다가오지 못하게 했습니다. 군대를 다녀온 후에는 그의 마음이 더욱 확고해졌습니다.

그는 저를 수동 휠체어에 태우고 북구 조야동 집에서부터 시내까지 몇 시간이 걸리는 거리를 밀어주었습니다. 영화를 보여주고 맛있는 것을 사주고 자신의 용돈을 쪼개 제 손에 쥐여 주었습니다. 나중에야 알았지만, 그는 TV에나 나올 법한 부잣집 막내아들이었습니다.

저는 그의 배경이 아니라 언제나 저를 웃게 만드는 그의 밝은 성격에 이 사람과 결혼하면 웃으면서 살 수 있겠다는 생각이 들어 마음을 열 수 있었습니다. 웃음이 없던 제 삶에 그가 들어오자 비로소 웃음꽃이 피기 시작했습니다.

우리의 만남을 반기는 사람은 없었습니다. 저희 오빠는 "가만히 있는 내 동생 힘들게 하지 말고 꺼지라."며 그를 때리고 겁을 주었지만 그는 다음 날이면 어김없이 다시 저를 찾아왔습니다. 저는 더이상 그가 상처받는 것을 원치 않아 제 모든 것을 보여주기로 했습니다. 기어 다니는 모습, 무언가를 혼자 해내지 못하는 모습까지 전부 보여주며 '나, 이런 사람이야'하고 그를 밀어내려 했습니다. 하지만 그는 "그래도 좋다."며 제 곁을 떠나지 않았습니다.

결국 그의 진심에 저희 어머니께서 먼저 마음을 여셨고 그의 집에도 알리게 되었습니다. 도의원을 지내고 군수를 준비하던 그의 아버지는 어마어마한 집안의 명성에 흠이 될 장애인 며느리를 결코 받아들일 수 없었습니다.

"그 여자와 결혼할 거면, 네 호적을 파서 나가라!"

아버지의 불호령에, 그는 정말로 자신의 호적을 파서 제게 왔습니다. "이제 아버지 아들이 아니니, 마음대로 결혼해도 된다."며 웃는 그를 보며 고마운 마음과 동시에 미안한 마음으로 저는 이 사랑을 받아들이기로 결심했습니다.

가장 좋은 때에, 하나님께서는 우리 가정에 첫 아이 '요한'이라는 귀한 선물을 허락해 주셨습니다. 기도하던 제게 하나님은 분명히 말씀하셨습니다.

"내가 네게 준 선물이다."

그 말씀대로, 저는 하나님이 주신 그 귀한 생명을 품으며 아이와 함께 '엄마'가 되어가는 시간을 보냈습니다. 처녀 때부터 저는 하나님께 아들을 달라고 기도해 왔습니다. 하나님은 제게 아들이 꼭 필요하신 것을 아셨는지 그 기도에 응답으로 요한이를 보내주셨습니다.

처음 아이를 품었을 때 저는 성경 말씀을 더 가까이하게 되었고, 기도를 쌓고 관련된 책들도 많이 읽으며 준비했습니다. 음악도 듣고 몸에 좋은 음식도 일부러 챙겨 먹었습니다. 배가 점점 불러오고 앉아 있는 것도 화장실을 가는 것과 눕는 것조차 힘든 날들이 이어졌지만 그 힘든 시간이 전혀 힘들게 느껴지지 않을 만큼 기쁨으로 충만했습니다. 10개월은 단순히 임신기간이 아니라 제 삶이 완전히 새롭게 변화하는 시간이었습니다. 저는 한 생명을 책임지는 엄마가 되어가고 있음을 깊이 느꼈습니다.

요한이는 예정일보다 일주일 빨리 태어났습니다. 출산 전날 밤 9시부터 배가 아팠지만 친정엄마는 "그 정도로는 아기 안 나와. 내가 다섯 명을 낳아봤는데 아직 아니야." 하시며 안심시키셨습니다. 그 말을 듣고 저는 계속 참았고 심지어 엄마가 괜찮다며 먹으라고 주신 음식을 먹기도 했습니다. 그러나 자정쯤 통증이 너무 심해져 병원에 갔더니 아기가 이미 70%나 내려와 있었고 바로 수술을 해야 한다고 했습니다. 그런데 저녁에 먹었던 음식 때문에 마취를 바로 할 수 없다고 해서 4시간을 더 기다려야 했습니다. 4시간 동안 저는 정말 간절하게 기도하며 아기를 기다렸고 마침내 새벽 4시 05분, 하나님께서 제게 주신 그 소중한 선물을 품에 안을 수 있었습니다.

아들 요한이의 어릴 적 모습

처음 요한이를 만났을 때 저는 믿기지 않을 정도로 감격스러웠습니다. "정말 이 아이가 내 뱃속에서 나온 아이가 맞나?" 너무나 예쁘고 너무나 사랑스러운 아이였습니다. 그 소중한 아이를 바라보며 장애가 있는 엄마에게 태어나게 한 것이 너무 미안해서 정말 많이 울었습니다.

요한이가 갑자기 아팠던 적이 있었습니다. 저는 몸이 불편해 그 아이를 데리고 병원에 갈 수 없었고 남편은 일터에 나가 있었으며 하필 집에는 해열제조차 없었습니다. 너무나 다급한 마음에 저는 화장실에서 제 몸에 찬물을 끼얹고, 다시 아이를 품에 안고 또 찬물을 끼얹으며 요한이의 열이 내려가길 간절히 기도했습니다. 그때 떠오른 말씀은 〈역대하〉에서 히스기야가 기도하자 하나님께서 백성을 고치셨다는 구절이었습니다. 하나님께서는 제 기도도 들어주셨고 요한이의 열은 기적처럼 내려갔습니다.

제게 요한이는 단순한 아이가 아닙니다. 특별한 아이였습니다. 하나님께서 제게 "가장 맞는 아이"를 보내주셨다는 것을 자주 느낍니다. 요한이는 엄마가 외출 준비를 하면 14개월밖에 안 된 나이에 휠체어 타는 현관 입구까지 엄마 가방을 끌고 와 주는 아이였습니다. 18개월이 되던 해에는 아직 기저귀도 떼지 못한 아기가 스스로 변기 위에 올라가 대소변을 가릴 줄 아는 아이가 되었습니다. 놀이터에서도 엄마를 떠나지 않고, 늘 가까이에 머무르며 조용히 놀았습니다. 요한이는 책을 좋아했고 비디오 보는 것도 즐겼습니다. 감성도 깊고 배려심도 컸습니다.

요한이를 통해 하나님이 얼마나 정확하게 그리고 사랑으로 저를 인도하고 계신지를 매 순간 느낍니다. 저의 약함 속에서도 하나님은 부족함 없이 채워주시고 가장 필요한 때에 가장 귀한 선물을 보내주셨습니다.

소중한 요한이를 얻었지만 잃은 것도 있습니다. 임신기 동안 급격히 늘어난 체중으로 인해 사용하던 보조기가 들어가지 않았습니다. 보조기는 다시 맞추면 되었지만 늘어난 몸무게로는 목발을 짚을 수가 없었고 그런 기간이 지속되자 다시 걸을 수가 없었습니다. 이후 저는 다시 휠체어를 타게 되었습니다.

요한이는 동생이 생기길 간절히 바라며 울기도 하고 언제나 동생을 꿈꾸는 아이였습니다. 그러던 요한이가 다섯 살이 되었을 때, 저는 둘째 아이를 임신하게 되었습니다. 드디어 요한이에게도 그렇게나 원하던 동생이 생긴 것이었죠. 이 기쁜 소식을 전하자 요한이는 말했습니다.

"엄마, 그럼 하나님이 보내주셨으니까 아기 이름을 '하늘'이라고 하자." 그 말에 우리 가족은 둘째 아이의 태명을 '하늘이'로 정했습니다.

어느 날, 유치원에서 돌아온 요한이는 헐레벌떡 현관문을 열고 달려 들어왔습니다.

"엄마, 오늘 유치원에서 요구르트랑 귤 나왔어!" 그러곤 가방에서 귤과 요구르트를 꺼내 내밀며 말했습니다.

"근데 나는 안 먹고 하늘이 주려고 가져왔어! 빨리 먹어!" 뱃속 동생을 생각하는 요한이의 마음이 얼마나 고맙고 사랑스러웠는지요.

한 번은 저에게 혼이 나서 가방을 챙겨 "집을 나가겠다."고 했던 적도 있었습니다. 그런데 그때도 요한이는 동생을 잊지 않았습니다. 가방에 물건을 챙겨 들고, "하늘이도 데리고 갈 거야!" 하며 문을 나서던 모습은 지금도 제 마음속에 깊이 남아 있습니다.

딸 은정이의 어릴 적 모습

우여곡절 끝에 결혼하고 3대 독자 집안에 귀한 아들인 요한이를 낳자, 시아버지의 마음도 눈 녹듯 녹아내렸습니다. 그때부터 저는 시댁의 모든 사랑을 받는 '여왕' 같은 대접을 받으며 제 생애 가장 행복한 시간을 보내게 되었습니다.

딸 은정이의 어릴 적 모습

11장 ── 10년의 행복, 그리고 배신

결혼 후 10년은 꿈같은 시간이었습니다. 남편은 세상에 둘도 없는 자상한 사람이었습니다. 직장에서 돌아오면 "하루 종일 심심했지?"라며 저를 업고 복도로 나가 이 끝에서 저 끝까지 계속 왔다 갔다 하며 바람을 쐬게 해주었습니다. 제가 몇 시간에 걸쳐 정성껏 차린 밥을 맛있게 먹고 나면 "설거지는 내 몫이지." 하며 늘 자연스럽게 부엌으로 향하던 사람이었습니다.

가끔은 '이 사람, 겨드랑이에 날개가 달린 게 아닐까?'

하는 생각이 들 정도로 제 눈에는 천사 같은 남편이었습니다. 남편은 결혼할 때 저에게 이렇게 말했습니다. "누나는 많이 못 다녀봤으니까 내가 많이 데리고 다녀주고 싶어. 못 먹어본 음식은 내가 다 사주고 못 입어본 예쁜 옷은 내가 다 입게 해줄게." 그 말은 단순한 말이 아니었습니다. 결혼 후 그는 그 고백을 삶으로 증명해 주었습니다.

아이들이 아주 어렸을 때부터 우리가 함께 다녀보지 못했던 곳들을 하나씩 찾아다니며 여행했고 본인은 항상 검소한 옷을 입으면서도 저는 좋은 옷을 입었으면 좋겠다며 백화점에 데려가 좋은 옷을 사주곤 했습니다. 맛있는 걸 먹었다 싶은 날이면 꼭 저를 그곳에 데려가 다시 먹게 해주거나 상황이 여의치 않으면 포장을 해서라도 가져와 함께 나누었습니다. 요리 솜씨도 좋아서 갈비찜이나 닭볶음탕 같은 손이 많이 가는 요리도 즐겨 해주었고 그 모든 시간들이 저에 대한 사랑과 정성이 담긴 선물처럼 느껴졌습니다.

아이들이 태어난 뒤, 남편은 정말 '가정적인 아빠'였습니다. 신혼 초에는 직장에 다녔는데 아이들이 손이 많이 가는 시기가 되자 그는 말했습니다. "직장을 다니면 언제든지 달려올 수 없으니까 필요할 때 바로 뛰어올 수 있는 일을 찾아야 되겠다." 하더니 직장을 그만두고 사업을 시작했습니다.

사업이 바쁠 때에도 저를 혼자 두지 않으려 멀리 갈 일이 생기면 항상 저를 함께 데려가 바람도 쐬고 이야기도 나누며 시간을 함께했습니다. 언제나 제 손과 발이 되어 주는 사람이었고 육아도 살림도 그 어떤 일도 '당연히 함께하는 것'이라 여겼던 남편이었습니다.

신앙생활에서도 그는 저의 동역자였습니다. 저는 결혼 전부터 교회에서 많은 섬김을 받으며 자라, 언젠가는 나도 누군가를 섬기는 사람이 되고 싶다는 마음이 있었습니다. 그런데 남편을 만나면서 그 소망이 현실이 되었습니다. 남편은 교회 일을 열심히 하는 사람이었고 저 또한 자연스럽게 교회 사역에 함께 참여할 수 있었습니다. 우리는 함께 예배드리고 함께 섬기며 함께 하나님을 바라보는 믿음의 길을 걸어갈 수 있었습니다.

지금 돌아보면 이 모든 시간이 그저 감사할 뿐입니다. 남편은 저에게 단지 좋은 남편, 좋은 아빠가 아니라 하나님께서 제 삶에 허락하신 너무도 큰 은혜이자 선물이었습니다. 그의 사랑을 통해 하나님의 사랑을 더 깊이 알게 되었습니다. 그렇게 10년이 흐른 어느 날, 남편은 제게 청천벽력 같은 고백을 했습니다.

"나, 사랑하는 여자가 생겼어. 우리 이혼하자."

세상이 무너지는 것 같았습니다. 아들 요한이는 아홉 살, 그토록 원하던 딸 은정이는 이제 겨우 세 살이었습니다. 저는 울며 매달렸습니다.

"바람이라면 피우고 돌아오세요. 아이들을 위해서 이혼만은 하지 말아 주세요."

성경에서도 이혼을 금하고 있었기에 저는 가정을 지키

고 싶었습니다. 남편이 돌아왔을 때 기죽지 않도록 저는 이 사실을 바로 윗층에 사는 언니에게조차 말하지 않고 혼자 끙끙 앓았습니다. 하지만 남편은 확고했습니다. 제가 이혼을 해주지 않자 그는 생활비를 끊었고 급기야 폭력을 행사하기 시작했습니다.

10년간 저를 한 번도 힘들게 한 적 없던 그 사람이 앉아 있는 저를 일어서서 개 패듯이 때렸습니다. 온몸이 멍투성이가 되고 고막이 터져 피를 흘리면서 저는 깨달았습니다. '이것은 더 이상 사랑이 아니구나. 이 관계는 끝이 났구나.' 저는 일주일의 시간을 달라고 했습니다. 잠을 이룰 수도 밥을 넘길 수도 없는 일주일을 보낸 끝에, 저는 이혼서류에 도장을 찍기로 결심했습니다. 이혼의 조건은 단 하나였습니다.

"위자료도, 양육비도 아무것도 필요 없습니다. 제 아이들은 제가 키우게 해주세요."

장애가 있고 아무런 경제적 능력이 없는 제게 양육권이

돌아올 확률은 희박했습니다. 하지만 저는 남편 없이 살아도 아이들 없이는 살 수 없었습니다. 그런 제게 남편은 마지막 비수를 꽂았습니다.

"요한이, 은정이 네가 낳았잖아. 네 손으로 죽이든지, 고아원에 갖다 주든지 마음대로 해." 그 한마디에 10년의 사랑과 행복이 산산조각 나 흩어졌습니다. 저는 잿더미 위에 두 아이의 손을 잡고 홀로 남겨졌습니다.

그렇게 요한이 아빠와 헤어진 저는 더욱 하나님 앞에 엎드릴 수밖에 없었습니다. 아침, 저녁으로 교회로 나아가 기도했습니다.

"하나님, 이 아이들은 이제 하나님이 키워주셔야 합니다. 저는 부족하고 약하니 하나님께 맡겨드립니다."

하루는 기도하러 간다고 요한이에게 말하고 교회로 갔는데 기도 후에 눈을 떠보니 요한이가 동생 은정이를 데리고 교회에 와 있었습니다. 그리고 강대상 바로 앞 제일 앞

자리에 나와 무릎 꿇고 기도하고 있었습니다. 그 어린 아이가 무슨 기도를 했을까요. 하지만 분명한 것은 그때부터 요한이는 힘들고 어려운 일이 있을 때마다 하나님께 나아가 기도하는 아이가 되었다는 것입니다.

그때 요한이와 제가 함께 드린 그 수많은 기도들이 지금 우리가 지켜지고 인도받고 넘어지지 않고 살아가는 길이 되었다는 것. 하나님께서는 언제나 요한이를 그리고 우리 가정을 지켜주셨고 가장 힘들 때마다 위로하시고 응답해 주셨습니다.

요한이는 단순한 아들이 아닙니다. 요한이는 하나님의 응답이며 하나님이 제게 맡기신 하나님의 선물이자 제 삶을 변화시킨 하나님의 증거입니다. 그 아이를 통해 저는 하나님의 손길을 매일같이 경험하며 살아갑니다.

너희 염려를 다 주께 맡기라 이는 그가 너희를 돌보심이라

: 벧전 5:7

12장 ──

위대한 모성, 아이들은 자라고

이혼 후, 저와 아이들의 삶은 벼랑 끝으로 내몰렸습니다. 남편은 처음 몇 번 양육비를 보내주는 척하더니 이내 연락을 끊었고 저는 기초생활수급자가 되어 나라의 지원으로 겨우 생계를 이어갔습니다. 아이들은 학교에서 '장애인 엄마', '이혼 가정', '가난한 집 아이'라는 손가락질을 견뎌야 했습니다.

방학이면 가난한 아이들에게만 나오는 우유를 받아 가

라는 호명에 고개를 숙여야 했고 LH 아파트에 산다는 사실을 친구들에게 들키기 싫어 빙 둘러서 집에 오기도 했습니다. 하지만 아이들은 그 아픔 속에서 놀랍도록 단단하고 아름답게 자라주었습니다. 저는 아이들에게 공부하라는 말을 단 한 번도 하지 않았습니다. 그저 건강한 정신을 가진 사람으로 자라주기만을 바랐고 어른을 공경하고 약자를 도울 줄 아는 사람으로 키우고자 했습니다.

어느 날, 아들 요한이가 친구들에게 "네 엄마 다리 병신이잖아. 너도 병신 새끼야."라는 끔찍한 말을 듣고 왔습니다. 요한이는 자신을 욕하는 것은 참아도 엄마를 욕하는 것은 참지 않았습니다. 자기보다 머리 하나는 더 큰 친구에게 "우리 엄마에게 사과해."라며 덤벼들어 팔이 빠지는 싸움을 하기도 했습니다.

또 다른 날에는 친구들이 담배를 피우라고 강요하자 "나는 나중에 유치원 선생님이 될 거라 담배를 피울 수 없어. 대신 너희가 때리고 싶은 만큼 때려."라고 말하고는 온몸이 피투성이가 되도록 맞고 돌아왔습니다. 그 말을 지키듯이 요한이는 유치원 선생님이 되었습니다.

    요한이가 학급회장을 맡았을 때였습니다. 그 당시에는 소풍을 가면 임원 엄마가 선생님 도시락을 준비해 드리는 관행이 있었는데 저는 가장 예쁜 도시락통을 사고 가장 좋은 과일과 좋은 반찬들로 정성껏 도시락을 싸서 준비했습니다. 장애가 있는 몸이지만 누구보다 성심껏 준비했습니다. 그런데 소풍을 마치고 돌아온 요한이가 도시락을 그대로 들고 왔습니다. 열어 본 흔적조차 없었습니다.

    그 순간, 제 마음은 무너졌습니다. '장애인 엄마가 준비한 도시락이라 열어보지도 않고 돌려보낸 건 아닐까' 하는 생각이 들었고 그 생각이 너무도 큰 상처로 다가왔습니다. 요한이는 그날 저에게 아무 말도 하지 않았지만 그 도시락 하나로 그 선생님이 어떤 분인지 그리고 요한이 마음에도 작은 상처 하나쯤 남지 않았을까 하는 생각에 참 많이 아팠습니다.

    요한이는 전교 회장이 되고 싶어 했습니다. 하지만 엄

마가 휠체어를 타는 장애인이라는 이유로 전교 부회장에 만족해야 했던 일이 있습니다. 어느 아주머니가 급식 도우미로 학교에 들어가셨는데 어떤 아이가 학교에서 큰 목소리로 선거 유세를 하고 있었다고 합니다. 그 모습을 보고 있던 어머니들이 "쟤가 휠체어 타고 다니는 엄마 아들이래. 멋있다. 전교 회장 되고도 남겠다." 이런 이야기를 하더라고 이야기해 주셨습니다. 그 아이가 바로 제 아들, 요한이었습니다.

그러나 담임선생님께서 요한이에게, "전교 회장이 되면 엄마가 학교 일도 많이 도와줘야 하는데 너희 엄마는 휠체어를 타시니까 부회장을 하는 게 좋겠다."고 말씀하셨다고 합니다. 그 말을 들은 요한이는 끝내 회장이 아닌 부회장을 선택해야 했습니다. 요한이는 충분히 전교 회장감이었습니다. 하지만 '엄마가 장애인'이라는 이유 하나로 아이가 누릴 수 있는 자리조차 내려놓아야 하는 현실 앞에서 저는 너무 아프고 너무 미안했습니다.

아들은 제게 삶의 이유이자 가장 큰 위로였습니다. 요

한이가 초등학교 6학년 때 저는 아들과 단둘이 부산 해운대로 첫 여행을 떠났습니다. 계단과 모래사장 때문에 바닷가 가까이 갈 수 없는 저를 위해 요한이는 작은 몸으로 저를 업었습니다. 부들부들 떨리는 다리로 계단을 내려오고 푹푹 빠지는 모래사장을 가로지르며 아들은 땀을 뻘뻘 흘렸습니다. 아들의 등에 업혀 바라본 그날의 바다는 제 평생 잊을 수 없는 눈물겹도록 아름다운 풍경이었습니다.

하나님께서 보내주신 두 번째 선물 이야기도 하겠습니다. 은정이를 낳기 전 남편은 딸을 간절히 원했고 아들도 항상 여동생을 갖고 싶어 했습니다. 기도원에 가서 바닥에 머리를 박고 간절하게 기도했습니다. "하나님, 남편에게는 딸을, 아들에게는 여동생을 낳아주고 싶어요. 제게 딸을 보내주시면 안 될까요." 그 기도에 하나님께서 응답하셨습니다.

은정이는 4월 23일 봄, 부활절 주일 오전 11시 5분 하나님께서 저에게 두 번째로 보내주신 귀한 선물이었습니다. 은정이는 친정어머니를 꼭 닮아서 엄마가 유난히

예뻐하셨습니다. 은정이를 안고 싶은데 아기에게 해롭다며 30년 동안 피우시던 담배를 그날로 끊으셨을 정도였습니다.

아기 때 은정이는 배고프다고 울기 전에 젖을 주어야 했어요. 조금이라도 늦게 주면 30분이 넘도록 울었습니다. 은정이의 배꼽 시간을 맞추느라 힘들었던 기억이 납니다. 어느 날은 마늘을 다지고 있었는데 은정이가 다진 마늘을 집어서 먹고도 울지 않아 그 모습을 보던 요한이와 제가 크게 웃기도 했었습니다. 은정이는 옷보다 신발을 더 좋아했습니다. 이웃집에 놀러 가면 신발장 양쪽 문을 열고 이것저것 신어 보면서 한참을 놀곤 했습니다. 꾸미는 것도 참 좋아해서 여섯 살 땐 귀도 뚫고 싶다고 할 정도였고 액세서리도 참 좋아하는 아이였어요. 또 혼자 하는 걸 좋아해서 유치원 갈 때 제가 힘들게 양말을 신겨주면 그걸 벗고 "내가 신을 거야." 하며 다시 신곤 했습니다.

리더십도 강해서 어린이집에서는 항상 자기가 친구들을 이끌었고 운동회 때도 1등으로 달리다가 친구들이 은정이보다 앞서면 갑자기 멈춰 서서 돌아올 만큼 승부욕이 강했던 아이였습니다. 그 모습에 웃음이 나기도 했습니다.

무엇보다도 은정이는 저를 참 자랑스러워했습니다. 유치원 행사나 학교 행사에 가면 **"얘들아, 우리 엄마 왔어! 우리 엄마 진짜 예쁘지?"** 하며 친구들에게 자랑했어요. 그 순간, 저는 정말 세상에서 가장 행복한 엄마가 되었습니다.

초등학교 때 담임선생님이 다른 학교로 떠나시게 되었는데, 그 선생님께서 "은정이만 울었어요. 은정이는 참 정이 많아요." 라고 말씀해 주신 게 기억납니다. 은정이는 지금도 여전히 따뜻한 마음을 가진 아이입니다. 선교사님이 오셔서 선교지의 어려운 아이들 이야기를 들려주신 날, 자신의 용돈을 모두 드리고도 부족하다며 제게 돈을 빌려서까지 헌금하려 했던 아이입니다.

어릴 적부터 학교 가는 걸 좋아해서 아침마다 깨우는 게 한 번도 힘들지 않고 운동을 힘들어하면서도 '키가 크고 싶다'며 울면서도 끝까지 해냈던 기억도 납니다. 그래서 원래 클 수 있다고 한 키보다 6센티나 더 자랐습니다.

그런 은정이가 이제는 저를 챙겨주는 존재가 되었습니다. 저는 가끔 "내가 엄마야, 은정이가 엄마 아니라구." 하며 이야기합니다. 돈이 생기면 저에게 좋은 걸 사주고 싶어 하고 시간이 나면 저와 여행을 가고 싶어 합니다.

"엄마는 휠체어 타니까 나랑 같이 다니면 더 편하잖아." 그 말 한마디가 얼마나 고마운지 모릅니다.

"엄마, 나 엄마 딸로 태어나게 해줘서 고마워." 이런 말을 들을 땐 마음 한켠이 짠하면서도 너무나 감사했습니다.

은정이는 저의 동역자이기도 합니다. 어릴 적부터 특별새벽기도가 있을 때면 "엄마 혼자 가면 무섭고 위험해." 하며 30분 거리를 함께 걸어가 주었고 교회에서 차량이 운행됨에도 저와 함께하겠다고 걷기를 선택하던 아이였습니다. 가는 길, 오는 길 함께 찬양을 부르며 다녔던 그 시간들이 기억에 남습니다.

가끔 휠체어로는 들어갈 수 없는 장소, 계단이 있는 곳에 갈 일이 생기면 누군가 저를 업어야 할 때가 있습니다. 그런데 이상하게도 은정이가 저를 업어주면 하나도 아프지 않았습니다. 어깨에 실리는 무게보다 딸의 사랑이 먼저 느껴졌기 때문인지 팔이 아프지도 않고 불편하지도 않았습니다. 어쩌면 하나님께서는 제 딸의 등을 통해 저를 안아 올리셨는지도 모릅니다. 세상 누구보다 따뜻하고 부드러운 업힘이었고 그 순간마저도 하나님의 은혜 안에 있다는 걸 느끼게 되었습니다. 육신의 힘만으로는 설명할 수 없는 평안함, 저는 그 안에서 하나님이 딸을 통해 나를 들고 계신다는 걸 느꼈습니다.

고등학생이 된 이후로 은정이는 아침마다 교회에 가기 시작했습니다. "엄마가 새벽마다 기도하러 교회에 가니까, 나도 교회에 가서 엄마 얼굴 보고 학교 갈래." 그렇게 말하더니 정말 매일같이 새벽에 교회를 오기 시작했습니다. 저는 예배당 한쪽에서 기도를 드리고 있었고 은정이는 말없이 제 옆에 와서 조용히 기도했습니다. 제가 시킨 적도 같이 기도하자고 한 적도 없었는데 어느새 딸은 스스로 기도의 자리에 앉아 있었고 기도를 마친 뒤에 학교로 향하곤 했습니다. 같이 예배드리고 같이 말씀 읽고 같이 기도할 수 있는 딸이 곁에 있다는 사실이 저에겐 말로 다 못 할 큰 은혜입니다.

저는 바다를 좋아하는데 은정이는 바다가 있는 부산으로 데려다주기도 하고 부산을 혼자 갈 수 있도록 방법을 알려주기도 해서 이제는 혼자서도 바다를 찾아갈 수 있게 되었습니다.

어느 날, 은정이가 이런 말을 했습니다.

"엄마, 내 옆에 오래오래 있어 줘. 나를 위해서 기도해주는 엄마가 오랫동안 필요해." 그 말이 제 마음속에서 따뜻한 불이 켜졌습니다. 내가 살아야 할 이유, 존재의 의미를 다시금 느끼게 되었고 은정이 곁에서 오래도록 기도해주고 싶은 마음이 깊이 들었습니다.

저는 은정이 생각만 하면 마음 한곳이 늘 짠합니다. 세

사랑스러운 우리 딸

살, 말도 서툴고 세상이 낯설기만 한 그 나이에 은정이는 이유도 모른 채 아빠와 이별해야 했습니다. 말도 제대로 하지 못하던 나이에 겪은 그 이별이 은정이의 마음에 얼마나 깊게 남았을지 생각만 해도 마음이 아픕니다. 그래서 저는 늘 아빠 몫까지 사랑해 주고 더 많이 웃게 해주고 싶었습니다. 누군가가 은정이에게 잘해주면 그 사람이 막 좋다가도, 은정이에게 잘못하거나 안 좋은 말을 하면 속상하고 그렇게 화가 납니다.

그런 어느 날, 문득 은정이와 저를 바라보다가 이런 생각이 들었습니다. '아, 하나님도 나를 이렇게 바라보시겠구나.' 누군가가 나에게 친절하게 대해 주면 하나님도 기뻐하시고, 반대로 나를 힘들게 하거나 아프게 하면 하나님도 속상해하셨겠구나 하는 마음이 들었습니다. 내가 은정이를 위해 더 많이 기도하게 되고 더 많이 사랑하고 싶은 것처럼, 하나님 아빠도 나를 더 도와주고 더 깊이 사랑해 주고 싶어 하신다는 부모의 마음을 느낄 수 있었습니다.

은정이는 제게 엄마 같고, 언니 같고, 친구 같은 제일 편

사랑하는 우리 아들

한 존재입니다. 하나님께서 저에게 이렇게 꼭 맞는 딸을 보내주셔서 은정이와 함께하는 하루하루가 따뜻하고 든든하고 감사하며 참으로 행복합니다.

저는 아이들에게 아무것도 해줄 수 없는 가난하고 부족한 엄마였습니다. 하지만 하나님께서 저를 도우시고 제 연약함을 대신해 아이들을 키워주셨습니다. 제가 채워줄 수 없는 많은 것들을 하나님께서 친히 채워주셨습니다. 제가 줄 수 있는 건 사랑밖에 없었지만 아이들은 저의 작은 사랑과 하나님의 크고 풍성한 사랑 안에서 세상 누구보다도 부유하고 강한 사람으로 자라주고 있었습니다.

문은설 권사와 아들, 딸

13장 — 아들, 해병대에 가다

요한이는 장애인 엄마와 어린 동생을 둔 가장이라는 이유로 군 면제 대상이었습니다. 하지만 아들은 누구보다 혹독하다는 해병대에 자원입대했습니다. 저는 말렸지만 아들의 결심은 확고했습니다.

"엄마, 나 인간 되려고 가는 거야."

아들은 자신이 이 힘든 과정을 이겨내야만 엄마와 동생을 지킬 수 있는 진짜 가장이 될 수 있다고 생각했던 것입니다. 평발이었던 요한이는 군 생활 중, 40kg 군장을 메고 산 정상을 오르는 행군을 할 때면, 아들은 '이건 엄마를 업고 가는 것'이라고 생각하며 이를 악물었다고 합니다. 자신이 강해져야 언젠가 위험한 상황에서 엄마를 업고 지킬 수 있다는 일념 하나로 혹독한 훈련을 견뎌냈습니다.

아들은 군대에서 월급으로 받은 9만 원 남짓한 돈에서 5만 원을 떼어 적금을 부었습니다. 그리고 제대하던 날, 100만 원을 만들어 제 손에 쥐어 주었습니다.

"엄마, 우리를 위해서 아무것도 못 샀을 텐데 이 돈으로 엄마가 사고 싶은 거 사."라며 웃는 아들을 보며 저는 하염없이 눈물을 흘렸습니다.

군대를 다녀온 아들은 한층 더 성숙해졌습니다. 어느 날 휴가를 나와 제게 조심스럽게 말했습니다.

"엄마, 이제 남자친구 만들어도 돼. 엄마도 엄마 인생을 즐겼으면 좋겠어." 언젠가 여동생이 "언니도 남자친구 좀 만들어."라고 했을 때 "우리 엄마는 안 돼!"라며 버럭 화를 내던 아들이었습니다. 군대라는 힘든 용광로 속에서 아들은 엄마를 한 명의 여성으로 한 명의 인간으로 이해하게 된 것입니다.

저는 요한이를 키우며 한 번도 큰 소리를 내거나 기대를 강요한 적이 없었습니다. 그저 사랑으로 품고 기도로 키웠을 뿐입니다. 그런 아들이 누구보다 강하고 속 깊은 남자로 성장하여 제 앞에 서 있는 것을 보며 저는 다시 한 번 하나님의 은혜에 감사드렸습니다.

요한이와 은정이를 위해 저는 매일 기도합니다.

"하나님, 우리 아이들이 서 있는 자리가 하나님이 기뻐하시는 자리가 되게 해 주세요."

어머니, 나의 어머니

04

그러니 너도 살아

14장 어머니의 사랑
그 깊이를 헤아리며   102

15장 어머니를 간호하며   106

16장 아름다운 마지막 길   108

14장 — 어머니의 사랑, 그 깊이를 헤아리며

아버지의 폭력과 지독한 가난 속에서 제 삶을 지탱해 준 것은 어머니의 사랑이었습니다. 어머니는 마음이 여리고 고운 분이셨습니다. 그런 어머니께서 제게 주신 사랑은 특별했습니다. 제가 결혼한 후에도 어머니는 항상 제 걱정뿐이셨습니다. 제가 아이을 낳자 당신 딸이 고생할까 봐 더는 낳지 말라고 만류하셨고 제가 이혼한다는 말을 전하였을 때 어머니는

"우리가 그 사람이 언제든지 나갈 수 있는 문을 열어 놓지 않았니, 그 문으로 나갔다고 생각하자."며 저를 위로해 주시고 "그래도 우리 신서방에게 고마워하자. 요한이 은정이를 선물로 주고 갔잖아, 우리 열심히 잘 키워보자." 하시며 손을 잡아주셨습니다.

장애를 가진 저를 키우시며 어머니는 얼마나 많은 순간 마음 한 켠이 무너지는 아픔을 견디며 살아오셨을까요. 형제들 앞에서, 친척들 앞에서, 친구들과 이웃들 사이에서 겉으로는 아무렇지 않은 척 하셨지만 속으로는 얼마나 많은 눈물을 삼키셨을지 생각하면 가슴 깊이 먹먹해집니다. 제가 자녀를 키워보니 엄마에 대한 미안함으로 기도를 드릴 때 하나님께서 저에게 이런 마음을 주셨습니다.

'너의 엄마는 장애인 딸을 두었기에 그 딸의 눈물의 기도로 하늘복음을 들으시고 주님의 자녀가 될 수 있으니 엄마는 불쌍한 사람이 아니야.' 라며 저의 마음을 위로해 주었습니다. 그 후, 저는 더욱 엄마를 위해 기도드렸습니다. 어머니가 돌아가실 때 저는 아무 말도 할 수 없었습니다.

하고 싶은 말은 너무 많았지만 결국 입 밖으로 나온 건 단 하나의 말뿐이었습니다.

"엄마, 정말 고마워요. 언제나 제 편이 되어주시고 잘 키워주셔서 정말 고마워요." 그 말을 되뇌이며 하염없이 울었습니다. 제가 지쳐 주저앉을 때마다 묵묵히 손을 내밀어 다시 일으켜 주셨던 분, 말보다 사랑으로 저를 감싸 안아 주셨던 분. 그분이 바로 저의 어머니셨습니다.

자녀들아, 너희 부모를 주 안에서 순종하라.
이것이 옳으니라. 네 아버지와 어머니를 공경하라.
이것은 약속이 있는 첫 계명이니

; 에베소서 6:1-2

문은설 권사와 어머니

15장 — 어머니를 간호하며

어머니는 생전에 두 번 크게 쓰러지셨는데 두 번 모두 저희집으로 오셨습니다. 한 번은 고혈압약이 떨어져 쓰러지셨고 또 한 번은 다른 이유에서였습니다.

병원에서 퇴원하신 후 어머니는 부실한 딸이 제일 편하다 하시면서 "너희 집에 가고 싶다."고 하셨고 저는 기꺼이 어머니를 모셨습니다. 저와 제 딸은 함께 어머니의 기저귀를 갈아드리기도 하고 항생제로 인해 입맛을 잃으신 어머니를 위해 몇 시간씩 죽을 쑤어 한 숟가락이라도 더

드시게 하려고 애썼습니다. "엄마, 한 입만 더 먹어줘." 애원하는 제 모습에 어머니는 억지로 한술 뜨고 회복하시곤 했습니다. 휠체어를 타고 오셨던 어머니는 저희집에 계시는 동안 정성스러운 간호 덕분인지 건강한 모습으로 어머니댁으로 가셨습니다.

두 번째 저희집에 오셨을 때는 어머니의 굳은 몸을 풀어드리기 위해 팔과 다리를 주물러 드렸습니다. 그렇게 몇 달을 보내자 어머니는 하나님의 은혜로 걸을 수 있게 되셨지만 제 팔은 망가져 버렸습니다. 목부터 시작된 통증으로 팔을 들 수도 없게 되어 이후 10개월간 한의원을 다녀야 했습니다. 하지만 저는 어머니를 간호할 수 있었던 그 시간이 조금도 힘들지 않았습니다. 오히려 제게 그런 기회를 주신 하나님께 감사했습니다.

16장 — 아름다운 마지막 길

어머니는 폐에 물이 차 두 달 반을 고생하시다 하늘나라로 가셨습니다. 어머니의 마지막 두 달 반 동안 저는 피자가게를 하는 큰언니와 함께 친정에서 어머니의 마지막을 지켰습니다. 언니는 딸과 함께 운영하던 피자가게를 딸에게 맡기고 와서는 어머니의 대소변을 받아냈고 저는 어머니의 손과 다리를 주물러 드렸습니다.

어머니는 평생 교회를 다니지 않으셨습니다. 그렇지만 저는 언젠가 어머니도 하나님을 믿고 영접할 날을 기다리며 매일 어머니를 위해 기도드렸습니다. 그러던 어느 날 저는 어머니의 마지막이 다가왔음을 직감하고 어머니께 복음을 전했습니다.

"엄마, 예수님 믿고 우리 하늘나라에서 꼭 다시 만나자." 그 말을 들으시고 어머니는 고개를 끄덕이셨습니다. 그리고 뜻밖의 말씀을 하셨습니다.

"나, 하나님 믿은 지 오래됐어."
"어? 뭐라고? 언제부터?"
그러자 어머니는 이렇게 이야기하셨습니다.

"너 처음 교회 다닐 때 너를 데리러 오시던 김상태목사님을 보면서 하나님이라는 분이 정말 살아 계시지 않고서야 저렇게까지 할 수 있을까 생각했어. 그때부터였던 것 같아. 그분을 통해 하나님이 살아 계시다는 게 느껴졌어."

그 말을 듣는 순간, 너무 놀라기도 했고 가슴 깊이 뭉클해졌습니다. 저는 어머니의 이 고백을 들으며 하나님께서는 말이나 설명이 아니라 누군가의 삶을 통해 복음을 보여주실 수 있다는 사실을 깨달았습니다.

목사님의 삶이 어머니의 마음을 열었던 것처럼 저도 누군가에게 하나님의 살아 계심을 삶으로 전할 수 있는 사람이 되고 싶다고 마음속 깊이 다짐하게 되었습니다.

"엄마, 그랬구나 나 정말 몰랐어. 근데 왜 이제야 말해줘? 그럼 엄마, 예수님 믿는다면 목사님 모셔서 영접 기도를 받으셔야 하늘나라 갈 수 있어. 영접 기도, 받을래?"
"응, 받을게."

그렇게 어머니는 예수님을 마음에 모시는 영접 기도를 받으셨습니다. 그 순간이 저에게는 말로 다 할 수 없는 가장 큰 위로가 되었고 하나님의 은혜였다고 믿습니다.

한참 후에, 어머니께 다시 여쭤봤습니다. "엄마, 지금 너무 아프잖아. 너무 아파서 하늘나라 갈 수도 없잖아. 엄마 하늘나라 갈 수 있을까?" 어머니는 분명하게 대답하셨습니다. "갈 수 있지. 하늘나라 가서 내 딸 영옥이 만나잖아." 그 말 속에는 믿음과 소망, 그리고 하나님의 나라에 대한 확신이 담겨 있었습니다.

어느 날은 통증이 너무 심하셔서 고통스러워하셨습니다. 그 모습을 보고도 해드릴 수 있는 게 없어서 마음이 너무 아팠습니다. 저는 어머니께 이렇게 말씀드렸습니다. "엄마 너무 아플 땐 예수님께 기도해. '예수님, 통증이 너무 심해요. 안 아프게 해주세요. 예수님 이름으로 기도합니다. 아멘' 이렇게 해봐." 그러면 어머니는 따라 하셨습니다. "예수님 안 아프게 해주세요. 예수님 이름으로 기도합니다. 아멘"

기도는 짧았지만 믿음으로 드린 하나님께 향한 작은 외침이었습니다. 하나님은 어머니의 마음을 이미 오래전부터 만지고 계셨고 결국 그 믿음을 고백하게 하셨습니다. 저는 이 모든 과정을 통해 하나님이 정말 살아 계시며 때에 맞게 마음을 열어주시는 분임을 확신하게 되었습니다.

어머니의 장례를 치른 후 올케언니는 형제들에게 어머

니의 유품을 나누어 주었습니다. 큰언니에게는 어머니가 아끼시던 호박 반지를, 작은언니에게는 금목걸이를, 올케 언니는 팔찌를 가졌습니다. 하지만 제게는 아무것도 주지 않았습니다. 서운한 마음에 눈물을 글썽이는 제게 딸 은정이가 말했습니다. "엄마, 내가 나중에 할머니가 못 해준 것까지 더 좋은 걸로 해줄게." 금붙이가 탐이 나서가 아니었습니다. 그저 어머니의 체취가 묻은 작은 유품 하나를 간직하고 싶었을 뿐입니다.

그때 아들 요한이가 조용히 할머니 방에 들어가더니 어머니가 돌아가시기 직전까지 입으셨던 잠옷과 모자를 챙겨서 오더니 "엄마, 우리 이거 가져가자. 할머니 냄새 맡고 싶을 때, 할머니 보고 싶을 때 냄새 맡으면서 할머니 기억하자."라면서요. 저는 지금도 그 잠옷과 모자를 예쁜 상자에 담아 고이 간직하고 있습니다. 어머니의 사랑은 그렇게 제 아이들에게도 흘러 영원히 제 곁에 머물고 있습니다.

그런즉 누구든지 그리스도 안에 있으면
새로운 피조물이라
이전 것은 지나갔으니 보라 새 것이 되었도다

: 고린도후서 5:17

연단과 축복

05

그러니 너도 살아

17장 하나님이 행하시는 일들　116

18장 하나님은 사람을 통해
　　 저를 안아주셨습니다　120

19장 시선 속에 서 있는 나,
　　 주님의 품 안에서　128

20장 하나님이 주신 이름,
　　 그리고 치유의 은혜　133

21장 신유의 은사와
　　 아버지라 부르는 기도　138

17장 ——

하나님이 행하신 일들

저는 하나님의 때를 믿고 잠잠히 기다렸습니다. 억울한 순간에도 스스로 판단하거나 원망하지 않고 모든 일을 하나님께 맡기며 눈물로 기도했습니다. 그러자 하나님께서는 친히 일하시기 시작하셨습니다.

남편이 저를 떠났을 때도 저는 그를 미워하지 않았습니다. 상처는 컸지만 미워하는 마음보다는 그가 하나님과 동행하는 삶을 살기를 바라는 마음이 더 컸습니다. 어느 날, 요한이를 통해 요한이 아빠가 더 이상 하나님을 믿지 않는

다는 이야기를 들었을 때는 더욱 간절해졌습니다. 그의 영혼이 하나님께 돌아오기를 진정한 회복이 있기를 저는 기도했습니다.

그로부터 몇 해가 지나 그는 이삿짐을 나르다 트럭에서 떨어져 큰 사고를 당했습니다. 머리를 크게 다쳐 뇌수술을 받았지만 결국 식물인간 상태가 되고 말았습니다. 한때 **"그 여자는 나와 함께 거닐어 주잖아."** 라며 저를 떠났던 그는, 이제는 평생 침대에서 거닐 수 없는 몸이 되었고 그의 아내도 그를 떠났다고 들었습니다. 그 사실이 안타깝고 마음 아플 뿐입니다.

저는 여전히 그가 다시 하나님을 만나 회복되기를 기도합니다. 그리고 귀한 자녀들을 선물 받을 수 있게 해주어 고맙다고 말해주고 싶습니다. 제가 찾아갈 수도 만날 수도 없지만 언젠가는 제가 쓴 책이 그에게 찾아가서 읽혀지기를 기도합니다.

"요한이와 은정이를 저에게 선물로 주어 고맙습니다."

남편만의 이야기가 아니었습니다. 저를 아프게 했던 사람들 중에서도 하나둘씩 어려움을 겪는 모습을 보게 되었습니다. 그럴 때 저는 단 한 번도 기뻐하지 않았습니다. 오히려 마음이 무거웠고 더욱 기도하게 되었습니다. 억울한 일을 당해도 저는 사람을 원망하지 않고 하나님께만 아뢰었습니다.

아플 때마다 주님 앞에 무릎 꿇었습니다. 모든 것을 아시는 주님께서 친히 제 눈물을 닦아주시고 굽은 것을 곧게 하셨고 저의 억울함을 하나하나 풀어주셨습니다. 어느 날, 딸 은정이가 조심스럽게 제게 말했습니다.

"엄마, 하나님은 진짜 살아계셔. 엄마한테 잘해주는 사람들은 다 잘되고 엄마를 힘들게 했던 사람들은 이상할 정도로 하나같이 똑같은 어려움을 겪더라."

그 말을 듣고 저는 다시금 깨달았습니다. 저는 아무것도 하지 않았지만 하나님은 모든 것을 보고 계셨고 모든 것을 바로잡으시는 분이셨습니다. 이 모든 시간을 지나오며 저는 분명히 깨달았습니다. 하나님은 지금도 살아 역사하시며 작은 기도에도 응답하시고 눈물로 심은 씨앗을 반드시 열매 맺게 하시는 분이라는 것을요.

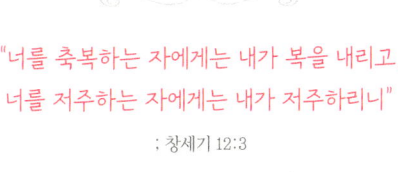

"너를 축복하는 자에게는 내가 복을 내리고,
너를 저주하는 자에게는 내가 저주하리니"

: 창세기 12:3

저는 여전히 부족하고 연약한 사람입니다. 그럼에도 하나님은 저의 작은 기도를 들으시고 그 기도에 신실하게 응답해 주셨습니다. 앞으로도 저는 주님의 때를 신뢰하며 잠잠히 기도하며 살아가고 싶습니다.

18장 ——

하나님은 사람을 통해 저를 안아주셨습니다

고난의 시간 속에서 하나님은 저를 혼자 두지 않으셨습니다. 어두운 터널을 지나는 동안 하나님은 제 삶에 귀한 사람들을 보내주셨고, 그들을 통해 저는 하나님의 사랑을 아주 구체적으로 경험할 수 있었습니다.

특히 저의 오빠, 언니들과 동생은 제 삶의 든든한 기둥이 돼 주었습니다. 언니들은 "너는 휠체어를 타니까 더 깔끔하게 다녀야지." 하며 제게 옷을 사주기도 하고 항상 저의 자존감을 지켜주었습니다. 어머니의 마지막 길을 지킬 때도 큰언니는 자신의 생업을 내려놓고 무려 두 달 반이나 저와 함께 어머니 곁을 지켜주었습니다. 우리 자매의 우애를 지켜본 활동보조 이모님은 "이런 집은 '세상에 이런 일이'에 나와야 한다."고 말씀하셨습니다.

첫 교회에서 만난 정윤금 사모님께서 청년들을 위해 기도와 말씀을 잘 전해 주시고 따뜻하게 청년들의 고민을 들어 주시는 모습을 보면서 첫 번째 서원 기도를 드렸습니다.

"하나님 저도 사모가 되게 해 주세요."

하나님께서는 저의 손과 발이 되어주는 동생이 장애인 남편을 만나 장애인교회를 개척하게 되었을 때, 저에게 같이 해달라고 해서 30년 가까이 장애인목회를 도왔습니다. 6~8명으로 개척을 시작해서 240명 가까이 부흥이 되는 동안 동생은 참 많이 고생했습니다. 직접 봉고차로 장애인들을 업어서 예배드릴 수 있도록 태워오는 일, 예배 후

식사도 직접 준비해서 섬기는 일, 오갈 때 없는 장애인들과 함께 지내며 섬기기도 했습니다. 그러나 교회에서 주시는 사례비로는 생활이 어려워 일터에 나가서 열심히 생활비를 벌어야 했습니다.

그토록 예쁜 나의 동생은 몇 년 전에 심장마비로 하늘나라로 떠났습니다. 동생이 떠나고 제부가 재혼을 하면서 저는 그 교회를 떠나게 되었습니다. 오랫동안 함께하던 교회를 떠나는 것은 동생을 잃은 것만큼 힘들었습니다. 제가 이혼으로 무너졌을 때 남편의 빈자리를 채워주며 아이들의 아빠가 되어준 소중한 동생. 그 동생이 먼저 하늘나라로 떠났을 때 저는 세상의 절반이 무너지는 것 같았습니다. 우리 자매들은 하나님이 제게 주신 가장 큰 위로이자 축복입니다. 그들이 있었기에 저는 잿더미 같은 삶 속에서도 다시 일어설 수 있었습니다.

저희 올케와 형부들도 정말 귀한 분입니다. 올케는 요한이가 어릴 때 가까이 살면서 많은 도움을 주었습니다. 하루종일 양육하는 제가 안쓰러워 보였는지 육아로 지쳐 있던 저와 집에만 있는 요한이를 위해 매일 오후엔 우리 집으로 와서 요한이를 업고 밖으로 나가 산책하며 놀아주었습니다. 불편한 몸으로 음식을 하기 힘든 저를 위해 김치도 담궈 주고 밑반찬도 나누어 주어 우리 가족에게는 참 고마운 사람이었습니다.

큰형부는 매년 장애인의 날이 되면 저에게 용돈을 보내주시곤 합니다. "애들이랑 맛있는 거 사 먹어. 네가 사고 싶은 거 사." 장애인의 날을 깜빡하셨을 때는 "처제, 어제는 바빠서 미안해. 오늘 용돈 보냈어." 형부의 따뜻한 말과 행동 덕분에 저는 오히려 장애인의 날이 기다려지게 되었습니다. 강원도에서 대구 내려오실 때마다 "먹고 싶은 거 있나?" 하시며 꼭 가족을 챙기셨고 아이들에게 용돈을 주고 고기도 사 주셨습니다.

작은 형부는 제가 아무것도 없던 시절 김치냉장고와 침대를 사 주셨고 과일, 야채, 과자 등 생활에 필요한 사소한 것들까지도 정성스럽게 챙겨주었습니다. 크리스마스엔 형부네 가족과 우리 아이들이 함께 외식도 했고 가족 휴가에도 우리 아이들을 함께 데려가 주었습니다. 언니야 친자매니까 당연하다고 생각할 수 있지만 형부가 그렇게 해주는 건 정말 쉽지 않은 일입니다. 어렵게 살면서도 우리 가족을 아버지처럼 챙겨 준 큰 형부, 작은 형부에게 저는 평생의 빚을 지고 있습니다.

가족뿐 아니라 저에겐 참 고마운 친구도 있습니다. 은채라는 친구는 제가 남편과 이혼한 사실을 알고 마음 아파하더니 그때부터 은정이의 피아노 학원비를 무려 10년 가까이 지원해 주었습니다. 은정이는 6살부터 중학교 3학년까지 피아노를 배웠고 교회 반주자로 섬기기도 했습니다. 은채의 사랑은 단순한 지원이 아니라 은정이가 하나님을 섬기는 사람으로 자라도록 도와준 하나님의 통로였습니다.

같은 교회 집사님 두 분은 활동 보조가 없어 제가 혼자 모든 일을 감당하던 시절, 청소도 도와주시고 함께 식사도 자주 하고 드라이브도 함께하며 저를 세상 밖으로 이끌어 주었습니다. 권사님 한 분은 반찬을 해다 주고 저희 가족을 종종 집으로 초대해 주셨습니다. 열 두평의 좁은 집에서 살던 아이들은 그분의 넓은 집에서 마음껏 뛰어놀 수 있었고 그렇게 자주 놀러 가서 행복하게 뛰어노는 요한이, 은정이 모습이 제게는 너무나도 큰 기쁨이었습니다. 늘 감사했지만 제대로 표현하지 못해 마음 한구석이 무거웠습니다. 이 글을 빌려 모두에게 감사의 마음을 전하고 싶습니다.

정말 고맙습니다. 덕분에 저는 포기하지 않을 수 있었습니다. 하나님께서 먹이시고 입히셨습니다.

남편과 헤어진 후 제게 남은 전 재산은 고작 13만 원이었습니다. 수급 신청을 했지만 절차가 완료되기 전까지는 아무 지원도 받을 수 없었습니다. 마트에 가면 아이들이 "엄마, 이거 사주면 안 돼?" 묻지만 제겐 그럴 여유가 없었습니다. "엄마가 나중에 꼭 사줄게" 하고 돌아오곤 했습니다. 그런 날이면 현관문 앞에 누군가 놓고 간 고기, 과일, 반찬이 있었습니다. 하나님께서 다른 이의 손을 통해 보내주신 귀한 손길이었습니다.

최근에는 제가 책을 출간한다는 소식을 들은 장애인 언니는 소중한 자기의 반지를 2개나 팔아 책 쓰는데 도움이 되면 좋겠다며 물질로 후원해 주셨습니다. 그 반지가 어떤 반지인지 알기에 받기가 힘들었지만 책 출판을 위해 저는 감사히 받았습니다. 저는 다시 언니에게 꼭 반지를 해드리고 싶습니다.

정말 성경 말씀 그대로였습니다.

"무엇을 먹을까, 무엇을 입을까 염려하지 말라." 그 말씀은 제 삶에서 매일같이 이루어졌습니다. 분초마다 하나님이 저와 아이들을 지키셨고 불꽃 같은 눈동자로 돌보아 주셨습니다.

제 삶을 돌이켜보면 제가 한 것은 기도뿐이었습니다. 눈물로 하나님 앞에 나아갔을 뿐인데 하나님은 사람들을 보내시고 상황을 열어주시고 때로는 설명할 수 없는 방법으로 저를 도우셨습니다. 저를 도와주시는 분들을 위해 저는 기도밖에 할 수 없습니다. 하나님께서 만 배의 축복을 해주시길, 그들이 저를 위해 쓰신 물질들을 속히 채워주시길 새벽마다 기도드립니다.

그러므로 염려하여 이르기를
무엇을 먹을까 무엇을 마실까 무엇을 입을까 하지 말라.
이는 다 이방인들이 구하는 것이라
너희 하늘 아버지께서 이 모든 것이
너희에게 있어야 할 줄을 아시느니라

; 마태복음 6:31-32

문은설 권사의 어머니와 자매들

19장 ——

시선 속에 서 있는 나, 주님의 품 안에서

저는 지하철을 탈 때마다 숨이 막히는 순간을 맞이하곤 합니다. 장애인석 앞에 서 있으면 분명 내가 앉아야 할 자리임에도 불구하고 이미 차지하고 있는 사람들은 미동조차 하지 않거든요. 몸을 앞으로 기울이며 "저 좀 들어갈게요." 하고 조심스레 말을 꺼내는 그 순간, 수십 개의 눈길이 나를 향해 쏟아집니다. 마치 내가 잘못한 사람인 양, 마치 내가 괜히 불편을 끼치는 존재인 양 느껴지는 그 시선 앞에서 내 마음은 수없이 무너져 내립니다.

식당에 들어서는 일은 더 큰 용기를 요구합니다. "복잡한 시간에 왜 왔냐."며 문턱에서 가로막는 주인, 자리가 있음에도 "오늘은 곤란하다."며 차갑게 거절하는 목소리. 나라에서 경사로 설치비까지 지원한다지만 "장애인이 오는 게 싫다."는 이유로 허락하지 않는 가게들이 얼마나 많은지 모릅니다.

저는 다행히 아이들의 등에 업혀 들어가 음식을 맛볼 수 있습니다. 그러나 홀로 사는 장애인들은 돈이 있어도 먹고 싶은 것을 마음껏 먹을 수 없습니다. 계단과 문턱은 그들의 식욕뿐 아니라 삶의 의욕마저 꺾어 놓습니다. 그래서 저는 아이들과 식탁에 앉을 때마다 말하곤 합니다.

"얘들아, 엄마는 이렇게 너희가 업어준 덕분에 좋은 음식을 맛보지만 어떤 이들은 돈이 있어도 먹지 못한단다. 그들을 생각하면 마음이 너무 아프구나."

장애인 화장실이라 쓰여 있는 문은 또 다른 벽이 되기도 합니다. 급히 들어가야 하는 순간에도 문은 굳게 잠겨 있고 직원들은 왜 문이 잠겨 있는지 "모른다"는 대답만 되풀이합니다. 그곳뿐 아니라 다른 곳에도 문을 열고 들어가면 안에는 걸레와 양동이, 청소도구가 가득 차 있어 휠체어가 들어갈 자리가 없습니다. 그곳은 이름만 '장애인화장실'이지, 실제로는 사용할 수 없는 창고일 뿐이지요. 그 앞에서 저는 다시 한번 절망합니다. 나를 위한 공간이 세상에 없는 것 같은 기분. '나는 어디서 어떻게 살아야 하는가?'라는 질문이 가슴 깊은 곳에서 올라옵니다.

길을 건너는 순간조차 불편합니다. 신호등 앞에 서면 양쪽 차 안에서 쏟아지는 시선이 나를 훑어봅니다. 빨간불이 파란불로 바뀌는 짧은 순간 저는 세상의 모든 눈길이 내게 집중된 듯한 불안을 느낍니다. 이런 불편한 감정은 저만의 것은 아닙니다. 스무 살 꽃다운 나이에 장애를 입은 한 동생은 지금 마흔이 넘었음에도 시내에 나가지 않습니다. 혹시라도 옛 친구를 마주칠까 두려워 그는 늘 한적한 동네에서만 머문다고 합니다. 그 마음을 저는 너무도 잘 이해합니다. 내 나이 육십을 앞둔 지금도 여전히 시선이 두렵기 때문이지요.

그러나 바로 그 시선 속에서 저는 주님의 음성을 듣습니다. "내가 너와 함께 한다. 네가 당하는 고통을 내가 다 안다." 세상의 눈길이 나를 향할 때마다, 저는 십자가를 떠올립니다. 사람들이 조롱하고 외면했어도 끝내 우리를 위해 십자가를 지신 주님 그분이 계시기에 저는 세상의 시선보다 주님의 시선을 더 크게 바라볼 수 있습니다.

오늘도 세상은 여전히 불편하고 차갑습니다. 문턱은 높고 마음의 벽은 더 높습니다. 그러나 그 속에서도 나를 안아 주시는 하나님의 품은 따뜻하지요. 차별과 멸시가 가득한 자리에서도 주님께서 나와 함께 계시기에 저는 무너지지 않습니다. 눈길과 시선이 나를 흔들 때마다 오히려 그 속에서 저는 주님의 위로와 은혜를 더 깊이 경험합니다.

"내 은혜가 네게 족하다."

주님께서 주시는 이 말씀을 붙들며 저는 오늘도 묵묵히 길을 걸어갑니다. 저를 향한 세상의 시선은 여전히 낯설고 무겁지만 그 모든 시선을 이기고 저를 자유롭게 하시는 주님의 시선이 내 안에 살아 있음을 믿습니다. 저의 몸은 장애를 갖고 있어 힘들지만 하나님의 자녀라서 더 행복합니다. 그래서 저는 오늘도 감사함으로 살아갑니다.

상심한 자들을 고치시며 그들의 상처를 싸매시는도다

: 시편 147:3

20장 ──

하나님이 주신 이름, 그리고 치유의 은혜

저는 하나님을 만나고 나서 비로소 기도하는 법을 알게 되었습니다. 어느 날, 꿈인지 환상인지 분간하기 어려운 체험을 했습니다. 흰옷을 입은 사람이 나타나 나를 향해 부드럽게 "은설아, 은설아" 하고 부르셨습니다. 얼굴은 보이지 않았으나 그 음성은 내 영혼 깊은 곳에 새겨졌습니다. 사라지기 전까지 내 이름을 여러 번 불러 주셨고, 그 순간 저는 내 인생에 새로운 이름을 받았음을 알았습니다.

얼마 후 목사님께 이 이야기를 전했을 때 성경에도 하

나님이 새 이름을 주시는 사건이 많이 기록되어 있다고 말씀해 주셨습니다. 그리고 "은혜 은(恩), 베풀 설(設). 은혜를 베풀라는 뜻의 이름"이라며 그 이름을 하나님께서 주신 것이라 선포해 주셨습니다. 그날 이후 나는 단순히 부여받은 이름이 아니라 하나님의 은혜를 베푸는 삶을 살라는 사명을 가진 존재로 다시 태어났습니다.

하나님은 제 어린 시절의 부끄러운 기억까지 떠오르게 하셨습니다. 어릴 적 동네 평상에 옆집 아저씨께서 술을 마시고 잠들어 계셨는데 바지 주머니에서 삐져나온 천 원짜리 지폐 한 장이 살짝 보였습니다. 저는 순간 유혹에 넘어가 그 천 원을 훔쳤습니다. 아무에게도 말하지 않았고 오랜 시간이 지났기에 저 스스로도 잊고 지낸 일이었습니다. 그런데 기도 중에 하나님께서 그 기억을 떠올리게 하시고 그 일을 아저씨께 말씀드리라고 하셨습니다. 저는 하나님께 간절히 기도드렸습니다.

"하나님 저 말 못 하겠어요. 제가 말하면 동네 사람들이 다 알게 될 것 같아요. 너무 부끄러워요." 그때 하나님께서 제 마음에 이렇게 말씀하시는 것 같았습니다.

"너 나한테 와서 왜 기도하니, 내 말 듣지도 않으면서"

그 말씀에 마음이 무너졌고 저는 한참을 울었습니다. 옆집 아저씨는 친구의 아버지이기도 했고 너무 부끄러워 쉽지 않은 걸음이었지만 저는 결국 찾아가 무릎을 꿇고 눈물로 그때의 잘못을 고백하며 용서를 구했습니다.

"아재, 제가 하나님 믿고 기도하는데요 기도 중에 하나님께서 제가 아재 주머니에 있던 천 원을 훔친 일을 생각나게 하시고 꼭 찾아가서 말씀드리고 용서를 구하라고 하셨어요. 그래서 너무 부끄럽지만 이렇게 찾아왔어요." 그러며 아저씨에게 돈을 드렸습니다. 아재는 놀라면서 "그게 언제 적 일이냐"며 괜찮다고 받지 않으셨지만 저는 하나님께서 내 안에 숨겨진 죄까지 회개하게 하신 그 일 앞에서 떨림을 느꼈고 더 이상 가볍게 죄짓지 않으려는 마음이 제 안에 깊이 새겨졌습니다. 혹시라도 하나님께서 또 "가서 용서를 구하라." 하실까 봐 너무 싫고 두려웠습니다. 그 일이 있고 나서부터는 하나님 앞에서 숨길 수 있는 죄는 없다는 것을 깊이 깨닫고 조심하며 살아가고 있습니다.

또한, 저의 삶에는 놀라운 치유의 사건도 있었습니다. 몇 년 전 오른쪽 다리의 극심한 통증 때문에 다리를 잘라내고 싶을 정도로 고통받던 때가 있었습니다. 성령 집회에 참석해 기도하던 중 갑자기 강한 파스 냄새가 코끝을 스쳤습니다. 동시에 다리의 통증이 거짓말처럼 사라졌습니다. 저는 너무 놀라 하나님께 "이것이 치유입니까?"라고 물으며 계속 다리를 움직여 보았는데 그날 이후 지금까지 단 한 번도 그 고통은 다시 오지 않았습니다.

하나님은 저에게 분명히 말씀하셨습니다.

"사람들 앞에서 네가 나았다고 증언하라." 부끄러움과 쑥스러움이 많은 저는 처음에는 두려웠지만 결국 휠체어를 타고 회중 앞에 나가 하나님의 말씀을 순종하며 하신 일을 선포했습니다.

"저의 다리는 끊어내고 싶을 만큼 고통스럽게 아팠습니다. 하나님의 말씀을 듣는 가운데 저를 낫게 해주시어 고통이 사라졌습니다. 이것을 하나님께서 저에게 증언하라고 하셨습니다. 믿지 않을 수도 있겠지만 저는 하나님이 하신 일을 말씀드리고 싶습니다. 하나님은 저를 치유해 주셨습니다." 그때 깨달았습니다. 하나님의 치유는 단지 통증을 없애는 것이 아니라 내게 담대함을 주시고 하나님의 은혜를 증거하게 하는 능력이라는 것을…….

오늘 제가 가진 이름조차도 하나님께서 주신 것입니다. 저의 과거의 죄까지도 회개하게 하신 분이 하나님이십니다. 그리고 지금도 제 몸과 마음을 치유하시며 저를 사용하시는 분이 하나님이십니다. 저는 오직 감사할 수밖에 없습니다. 저를 부르는 주님의 음성이 여전히 제 가슴 속에 울려 퍼집니다.

"은혜를 베풀며 살아라." 그 말씀을 붙들고 오늘도 저는 감사와 찬송으로 하루를 살아갑니다.

21장 ──

신유의 은사와 아버지라 부르는 기도

하나님을 믿고 기도하는 삶을 시작했을 때 저는 전혀 알지 못했던 은혜로운 세계를 경험했습니다. 누군가 거짓을 말하면 분별할 수 있는 영적 민감함이 주어졌습니다. 더 놀라운 것은 아픈 사람을 위해 손을 얹고 기도할 때 그들의 통증이 사라지는 일이 일어났다는 것입니다.

그러나 치유가 일어날 때마다 그 고통이 내 몸으로 옮겨오는 듯했습니다. 머리 아픈 이를 위해 기도하면 내 머리가 아팠고 어깨 아픈 이를 위해 기도하면 통증이 고스란히 내 어깨로 내려앉았습니다.

그 은사가 실제임을 가장 먼저 깨달은 사람은 내 가족이었습니다. 어머니는 약을 먹어도 낫지 않던 고통이 내가 기도하면 사라졌다고 하셨습니다. 저는 힘이 없는 사람이었지만 예수 이름으로 기도할 때 하나님께서 친히 역사하셨습니다. 조카들조차도 아프다고 울다가도 초제가 "예수님의 이름으로 낫게 해 달라"고 기도하면 언제 그랬냐는 듯 뛰어다니곤 했습니다.

저는 격식 없는 기도로 하나님께 나아갔습니다. 저는 늘 하나님을 "아빠"라고 불렀습니다. 있는 그대로의 나를 다 아시는 분 앞에서 꾸며 낼 이유가 없었기 때문입니다. 그래서 저는 솔직히 말했습니다. "아빠, 이 문제 좀 해결해 주시면 안 돼요? 아빠, 오늘 제가 많이 힘드네요."

저의 기도는 화려하지 않습니다. 그러나 예수 보혈의 이름으로 기도할 때마다 하나님의 즉각적인 응답을 경험했습니다. 조카가 배가 아파 병원으로 가는중이라면서 조카를 위해 기도를 부탁한다며 언니의 울먹이는 전화를 받고 하나님께 기도를 했습니다 기도중에 마음의 울림이 "염

증일 뿐이다, 괜찮다."는 확신을 주셨고 검진 결과 그대로 였습니다. 아이들의 작은 기도 제목, 학교 회장 선거에서의 소원조차도 하나님은 들어주셨습니다. 저는 아이들에게 이렇게 가르쳤습니다. "엄마의 기도만 특별한 것이 아니다. 너희도 예수 이름으로 기도하면 하나님이 들으시고 응답하신다."

저는 지금도 확신합니다. 예수 보혈의 능력은 가장 강력한 무기이며 사탄이 가장 두려워하는 힘입니다. 그 이름을 의지해 기도할 때 하나님은 병든 자를 고치시고 길을 열어주시며 소망 없는 자리에서 새 생명을 불어넣어 주십니다.

그래서 오늘도 저는 하나님을 '아버지'라 부릅니다. 아니, 더 가까이 '아빠'라 부릅니다. 비록 저의 기도는 서툴고 부족하지만 그럼에도 응답하시는 하나님께 저는 항상 감사합니다. 그분은 저의 기도를 통해 치유와 위로, 그리고 생명의 역사를 이루십니다. 저의 연약함 속에 하나님의 능력이 드러나는 것을 보며 저는 다시 고백합니다.

"예수 보혈의 이름이 나와 우리 가정, 그리고 이 땅 위에 항상 역사하게 하소서. 예수 이름으로 기도드립니다. 아멘"

내게 능력 주시는 자 안에서 내가 모든 것을 할 수 있느니라

; 빌립보서 4:13

저는 오랫동안 제 자신을 '미운 오리 새끼'라고 생각하며 살아왔습니다. 건강하고 예쁜 언니들과 동생 사이에서 저는 늘 부모님의 아픈 손가락이자 짐이었습니다. 남편에게 버림받고 친구에게 외면당했을 때 저는 세상 어디에도 속하지 못하는 이방인처럼 느껴졌습니다.

그렇게 제 삶을 원망하며 기도하던 어느 날, 하나님께서 제게 말씀하셨습니다.

"너는 미운 오리 새끼가 아니야. 지금은 네가 어두운 삶을 사는 것처럼 느껴지지만 나에겐 네가! 백조란다."

그렇습니다. 제 삶은 실패한 인생이 아니었습니다. 하나님께서는 저의 연약함을 통해 당신의 강함을 드러내셨고 저의 눈물을 통해 기도의 능력을 보여주셨습니다. 잿더미 같던 제 삶은 하나님의 영광을 드러내는 통로였습니다.

두 아이, 요한이와 은정이는 이제 누구보다 훌륭한 청년으로 성장했습니다. 아들 요한이는 해병대에서 몸과 마음을 단련하고 돌아와 지금은 아이들을 사랑으로 돌보는 교회 영아부 교사로 헌신하고 있습니다. 한때 문신으로 제 속을 썩이기도 했었지만 하나님을 인격적으로 만난 후에는 누구보다 뜨거운 믿음의 청년이 되었습니다. 딸 은정이는 어려운 환경 속에서도 늘 당당함을 잃지 않고 최선을 다해 자신의 길을 개척해나가고 있습니다. 아이들은 제게 "다시 태어나도 엄마의 아들, 딸로 태어나고 싶다."고 말하며 저를 세상에서 가장 존경하고 사랑한다고 고백합니다.

저는 여전히 휠체어에 앉아 있고 경제적으로 풍족하지도 않습니다. 하지만 제 마음은 그 어느 때보다 평안하고 행복합니다. 천만 원과도 바꿀 수 없었던 그 기쁨이 여전히 제 안에 살아 숨 쉬고 있기 때문입니다. 저에게 간증을 부탁하는 목사님과 교회가 있다는 것은 하나님의 은혜입니다. 지금도 간증을 다니고 있으며, 앞으로도 하나님이 저에게 보여주시는 기적을 알려 하나님의 자녀가 되기를 간증할 것입니다.

이 글을 읽는 당신이 지금 어떤 잿더미 위에 앉아 있든지 부디 절절망하지 마십시오. 당신의 고통의 한가운데에도 하나님은 함께 하고 계십니다. 당신이 흘리는 눈물을 그분은 보고 계시며 당신의 작은 신음에도 귀 기울이고 계십니다. 그분께 당신의 삶을 온전히 내어드릴 때 하나님께서는 당신의 잿더미 위에서 소망의 꽃을 피우시고 당신을 세상에서 가장 아름다운 백조로 날아오르게 하실 것입니다.

하나님, 저의 전부이셨습니다.
그리고 지금도 저의 전부이십니다.
이 모든 영광을 오직 하나님께 올려드립니다. 아멘.

아들, 요한이의 간증 기도

안녕하세요.

저는 동신교회 아포슬에서 4팀 리더로 섬기고 있는 신요한입니다.

먼저 이 자리에 서게 된 것은 제가 하나님을 잘 믿어서가 아니라 하나님께서 저 같은 사람도 포기하지 않으셨다는 것을 나누기 위해서입니다.

본격적인 이야기를 나누기 전에,
동신교회에 나오기 전 저의 신앙생활과 하나님에 대한 믿음에 대해 먼저 나누고 싶습니다.

저는 모태신앙이지만 이기적인 마음을 가진 크리스천이

었습니다. 머리로는 하나님이 살아 계시다는 것도 천국이 있다는 것도 믿었습니다. 하지만 하나님을 찾았던 때는 제가 뭔가 필요할 때, 간절히 이루고 싶은 일이 있을 때뿐이었습니다.

돌이켜보면, 하나님 보시기에 참 이기적이고 미운 사람이었겠다는 생각이 듭니다. 저는 하나님을 원망한 적도 많았습니다. 9살 때 부모님이 이혼하셨고 엄마는 소아마비와 잘못된 치료로 인해 휠체어 없이는 움직일 수 없는 몸이셨습니다.

저는 3살 동생과 함께 엄마와 셋이서 유년기를 보냈습니다. 남들은 어떻게 보았는지는 모르겠지만 저는 불쌍한 것이 아니라 불편한 정도의 유년기였습니다. 제가 어릴 적부터 선명하게 기억하는 장면이 하나 있습니다. 바로, 엄마가 2003년 이후 지금까지 하루도 빠짐없이 새벽기도를 다니셨다는 것입니다. 장애가 있는 몸으로 3살짜리와 9살짜리를 데리고 새벽기도를 가시기도 하고 우리가 잠든 밤엔 혼자 조용히 다녀오시기도 하셨습니다.

엄마는 항상 말씀하셨습니다.
"엄마는 하나님께 너를 맡긴다. 육신의 아빠는 떠났으니 하나님께서 이제부터 모든 과정에 간섭하시는 요한, 은정 아빠가 되어주셔야 한다고 비가 오나 눈이 오나 주님께 기도로 의지할 수 밖에 없었어."

엄마도 처음 엄마가 되어 장애인 엄마가 키워서 잘못 컸다는 소리를 듣고 싶지 않았던 엄마의 마음, 우리 두 남매가 바르게 자라주기를 바라는 간절함, 엄마 힘만으로는 저희를 키우기 어렵다고 생각하시고 하나님 아버지에게 저희를 맡기며 매일 하나님께 나아가 기도하는 것 그것이 엄마가 할 수 있는 가장 최선이며 가장 좋은 일이라고 생각했던 것 같습니다.

이제 와서 돌이켜보니,
저의 엄마는 진짜 '크리스천'이었습니다. 자신의 전부를 하나님께 맡긴 두 렙돈을 바친 과부처럼 묵묵히 하나님의 인도하심을 따라가신 분이셨습니다. 그런 엄마가 있었기에 저는 무너지지 않고 여기까지 올 수 있었습니다. 저는 그런 엄마를 실망시키고 싶지 않아서 착한 아이처럼 살려고 노력했습니다. 그러면서도 마음속에는 늘 이런 생각이 있었습니다.

"하나님이 정말 살아 계시다면 우리가 이렇게까지 힘들게 살게 하시진 않았겠지……." 그런 원망과 의심을 품고 살아갔습니다.

그럼에도 불구하고 교회를 빠지지 않고 나갔던 이유는, 제 의지라기보다는 늘 우리를 위해 희생하시던 엄마를 기쁘게 해 드리고 싶은 마음과 어릴 적부터 몸에 밴 습관처럼 주일이면 교회에 가는 것이 당연하게 느껴졌기 때문입니다. 그래서 마음은 멀었지만 몸은 늘 교회에 나가는 '선데이 크리스천'으로 살아왔습니다.

하지만 사실 저는 반쪽짜리 믿음을 가진 반쪽짜리 크리스천이었습니다. 그렇게 하나님과 거리를 둔 채 살아가던 제가 작년 5월, 우연히 동신교회에 나오게 되었고 아포슬에 등록하면서부터 제 인생은 완전히 달라지기 시작했습니다.

그동안 머리로만 알던 하나님이 아니라 내가 만나고 싶은 분, 나를 사랑하시는 아버지로 하나님이 제 마음에 다가오셨습니다. 동신교회에서 만난 많은 믿음의 동역자들이 부족한 저를 품어주고 기도해 주고 이끌어 주셨습니다. 그 덕분에 하나님 앞에 나아가는 것이 점점 행복하고 즐거워졌습니다. 기도하는 것이 자연스러워졌고, 말씀을 사모하게 되었습니다.

그 무렵 4팀 리더 컨택을 받게 되었습니다. 너무나 부족한 저 자신을 생각하며 많이 망설였습니다. 리더로서 부족한 제가 하나님께 이렇게 기도했습니다.

"하나님, 제가 리더로 섬겨도 될까요? 저처럼 부족한 사람이 리더가 되면 사랑방원들이 힘들지 않을까요?"
기도하는 제 모습을 보신 엄마는

"나중 된 자가 먼저 될 거야. 걱정하지 마. 하나님께서 너를 택하셨고, 준비시켜 사용하실 거니까 기도하고 맡겨봐."라고 말씀하셨습니다. 그 말씀에 마음이 놓이고 위로를 받았고, 그 후 하나님께서 제 마음에 말씀하셨습니다.

"세상 속에서 즐거운 것도 좋지만 내 옆에 있어라. 너의 소중한 시간을 나에게 쏟아내라."

그 응답에 순종하며 부족하지만 하나님을 의지하며 4팀 리더로 섬기고 있습니다. 그러면서 저는 깨달았습니다.

"하나님, 제가 하나님을 선택한 줄 알았습니다. 제가 교회를 선택하고, 믿음을 붙든 줄 알았습니다. 그런데 아니었습니다. 하나님께서 저를 먼저 선택하셨고, 하나님의 계획안에서 이끌어오신 것이었습니다."

지금 이 순간도 하나님이 일하고 계신 시간이라는 것을 믿습니다. 하나님은 저를 책임지시고 인도하고 계신 분이십니다.

그리고 저는 알게 되었습니다.

성령님은 억지로 제 마음을 열지 않으십니다. 조용히 문 앞에 서 계시며, 제가 열기를 기다리시는 인격적인 분입니다. 그 마음을 알게 되자, 저도 마음의 문을 조금씩 열 수 있었습니다.

이 모든 변화는 엄마의 눈물 어린 기도와 저를 포기하지 않으신 하나님의 사랑 덕분입니다. 저에게는 눈물로 기도하며 저를 하나님 앞에 나아올 수 있도록 인도해 주신 엄마가 있었습니다.

지금 이 자리에 계신 여러분 또한 여러분을 이 자리로 인도하기 위해 하나님의 사랑을 전하고자 기도하며 전도한 옆사람이 분명히 있을 겁니다. 누군가가 지금도 여러분을 위해 기도하고 있다는 사실을 기억해 주세요.

지금도 저는 여전히 부족하고 연약합니다. 하지만 이제는 두려움 대신 기도를 선택하고, 비교 대신 말씀을 붙잡으며 하루를 살아가고 있습니다.

마지막으로 이 자리에 계신 여러분께 꼭 드리고 싶은 말씀이 있습니다.

여러분이 이 자리에 있는 것은 우연이 아닙니다. 하나님께서 여러분을 먼저 부르셨고, 지금도 문 앞에 서 계십니다. 여러분이 그 문을 열기만 하면, 하나님께서는 그 어떤 모습이라도 기꺼이 받아주시고, 끝까지 함께하실 것입니다. 저처럼, 하나님께 조금만 마음의 문을 열어보기를 진심으로 바랍니다.

모든 영광을 하나님께 올려 드리며
부족한 간증을 들어주셔서 감사합니다.

간증하는 우리 아들

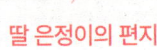

딸 은정이의 편지

사랑하는 엄마에게

말로는 자주 표현했지만 이렇게 글로 써보는 건 조금 어색하고 낯설기도 하네. 그래도 엄마를 생각하며 하나하나 적다 보니 뭔가 마음이 따뜻해지고 감사한 마음이 더 커지는 것 같아.

엄마는 나에게 하나님이 주신 가장 큰 선물이야.
항상 말하지만 난 엄마 딸로 태어난 게 너무 감사하고 행복해. 하나님께서 가장 완벽하고 좋은 엄마에게 나를 보내주신 것 같아서 하나님께도 늘 감사해.

엄마는 정말 사랑이 넘치는 사람이야.

그 사랑이 말로만 하는 게 아니라 엄마의 말투, 표정,

행동 하나하나에 다 묻어나 있어.
아무 말 하지 않아도 그냥 엄마가 옆에 있는 것만으로 마음이 편안해지고 든든해져. 엄마의 사랑 덕분에 내가 지금까지 버틸 수 있었고 또 지금의 내가 있다고 생각해서 너무 감사해.

엄마는 지혜롭고 따뜻한 사람이야.
힘든 상황에서도 쉽게 흔들리지 않고 무슨 일이 있어도 항상 내 편이 되어주고 부정적인 말보다 늘 희망과 가능성을 이야기해 주는 사람. 엄마의 그런 모습은 나에게 큰 힘이 되고, 나도 그런 사람이 되고 싶다는 마음이 들어.

엄마는 나에게 그냥 엄마가 아니라 가장 친한 친구이자 때로는 언니 같은 존재야.

무슨 고민이든 숨기지 않고 편하게 털어놓을 수 있고 엄마랑 대화하면 마음이 따뜻해지고 가벼워져 엄마랑 함께 여행하고 맛있는 거 먹고 데이트하면서 시간을 보내는 게 내겐 세상에서 제일 행복한 시간이야.

그리고 엄마의 신앙적인 모습도 내게 정말 큰 본보기가 돼.
하나님이 항상 삶의 중심이라는 걸 삶으로 보여주는 엄마를 보면서 나도 모르게 그 믿음을 따라가고 싶어지고 엄마의 하나님을 나도 만나고 싶다는 마음이 생겨!

엄마처럼 살고 싶다는 생각도 자주 해.
신앙만큼은 단호하고 흔들림 없지만 세상적인 부분에서는 언제나 우리를 먼저 생각해주고 다 맞춰주려 애쓰는 엄마의 모습이 정말 너무 고맙고 미안하고, 멋지고 존경스러워.

또 엄마는 나의 든든한 기도의 동역자야.
누구보다 날 위해 기도해 주고 어떤 말보다 강한 사랑으로 나를 감싸준 사람이야. 엄마가 나를 위해 흘린 눈물, 나 몰래 했던 기도들 하나하나가 지금의 나를 있게 한 거라는 걸 이제는 잘 알아.

엄마는 '감사하며 사는 삶'이 얼마나 귀한지 알려줬고 '사람을 돕는 기쁨'이 얼마나 따뜻한지 보여줬고 '감정을 솔직하게 표현하는 것'이 절대 부끄러운 게 아니라는 것도 가르쳐줬어. 엄마를 통해 배운 삶의 방식들이 내가 사람들과 관계를 맺는 방법이 되었고 나 자신을 바라보는 태도도 많이 바꿔줬어, 고마워!

그리고 내가 자주 말하긴 하지만 또 말할게.
엄마는 내가 세상에서 가장 존경하는 사람이야. 정말 말 그대로 어떤 누구와도 비교할 수 없는 진짜 멋진 사람, 엄마처럼 살고 싶고, 나도 엄마 같은 멋진 엄마가 되고 싶어

엄마!
앞으로도 오래오래, 지금처럼 내 옆에 있어줘. 내가 어떤 길을 걷든 늘 기도로 함께해주는 엄마가 있어서 나는 언제나 든든하고 힘이 나. 엄마의 기도는 내 삶의 가장 큰 힘이야.

지금까지 혼자서 우리 남매를 키우느라 정말 고생 많았고 넘치는 사랑으로 나를 키워줘서 진심으로 고마워.

말로 다 표현하긴 어렵지만 진심으로 정말 정말 많이 많이 사랑해.

하나님 다음으로 내가 엄마 제일 사랑해!

2025년 8월 17일

엄마를 사랑하는 정이가

그러니 너도 살아

초판 1쇄 인쇄 2025년 10월 31일
초판 1쇄 발행 2025년 10월 31일

지은이	문은설
기 획	신여정
편 집	송헌선
발행처	도서출판 피서산장
발행인	박상욱
출판등록	2018년 6월 12일 제2022-000002호
주 소	대구광역시 중구 이천로 222-51
전화	070-7464-0798
팩스	053-321-9979
이메일	badakin@daum.net

이 책은 저작권법에 의하여 한국 내에서 보호를 받는
저작물이므로 무단 전재와 무단 복제를 금합니다.